激動期でも食っていける

自己チューの
め

永田雅乙
Masao Nagata

まえがき
「自己チュー」とは自分を中心にして考えること

「自己チュー」という言葉からは、「自己中心的な考えをするヤツ」といった想像をされがちで、一般的にはネガティブな使われ方をされています。

もちろん、協調性を求められる場面で自分勝手な言動を取ったり、自分だけのことを考えて傍若無人《ぼうじゃくぶじん》に振る舞ったりする姿勢には賛成できません。

ですが、一度よく考えてみてください。

本当に「自分を中心に置いて考えること」は悪いことなのでしょうか。

私、永田雅乙《ながたまさお》はフードビジネスコンサルタントとして、これまで19か国、累計1万1000店舗以上のプロデュース、コンサルタントを手掛けてきました。

最近では、飲食業界に限らず「人財教育」の分野でも評価をいただいており、教育関係での講演会などにも呼ばれることが増えてきました。

お陰様で連日、満員盛況の講演会が続いております。

私は14歳で飲食業界に飛び込み、17歳で独立して30年以上、いろんな方々と一緒にお仕事してきましたが、ここで「人財」について断言できることがあります。

それは**「人の役に立てている人は、まず自分自身を満たしている」**ということです。

幸せな人間関係を築き、充実した人生を送り、何度失敗しようと事業に邁進《まいしん》でき、多くの人々の役に立てている、いわゆる「成功者」の人たちは、ほぼ例外なく自分自身が満たされています。

そうでなければ、人の役に立つなんてことはできません。

自己肯定感なんて勝手に上がる

たとえば今、書店には「自己肯定感を上げよう」という主旨の本が何十冊も並んでいます。

そういった本を手に取ると「日本人は自己肯定感が低く、アメリカ人は高い」などと書かれています。

では、なぜアメリカ人の自己肯定感は高いのでしょうか。多くのアメリカ人が「自己肯定感を上げよう！」と躍起《やっき》になっているのでしょうか。

もちろん、そんなわけがありませんよね。

多くのアメリカ人は、自分や自国のことを中心に置いて物事を考えています。きちんと自分を満たしてから他人のことを考えるのです。

それは別に、自分勝手なことでもなんでもなく、極めて普通のことです。イギリス人であろうと中国人であろうと、自分や自分たちを中心にして物事を考えるのは当たり前のことなのです。


しかし、なぜか日本人は、その当たり前のことをしません。


「まわりに合わせなきゃ」

「謙虚に、控えめに振る舞おう」

「人の目が気になる」

「みんなと仲良くしよう」

「他人に迷惑をかけてはいけない」

他人を中心にして考えることが、子どものころからしみついています。これで自己肯定感なんて上がるわけがないでしょう。

勘違いしてほしくはないのですが、私は「もっと自分勝手になろう」などと言っているわけではありません。

日本では混同されがちですが、**自分勝手に振る舞うことと、自分を中心に置いて考えることは、まったくの別物**です。

まずはこの点を理解してください。

本文の中で詳しく触れますが、この本でおススメする自己チューとは、いろんな人が存在する世界で、ちゃんと自分を世界の真ん中に置いて、いつでも〝自分ファースト〟でいることです。

自分勝手とはまったく違います。

きちんと自分を中心に置いて考えれば、自然と自分を満たすことができます。そうなれば、自己肯定感なんて勝手に上がるのです。

「人を笑顔にすることを考えなさい」

人の役に立つというと、多くの日本人が勘違いしていることがあります。

日本では、利他の精神をとても大切にしているので、自己犠牲や他者を優先するようなイメージをお持ちかもしれませんが、実際には逆です。自分を中心に置いて物事を考える〝自分ファースト〟だからこそ、余裕が生まれて、人の役に立てるような行動が取れるのです。

自分を犠牲にしてまで人助けをしても長続きしません。最悪、共倒れとなります。そこまで行かずとも「自分がこれほどまでにやっているのにお礼もないのか」などと、不満を感じて見返りを求めるようになります。

そんな状況で、いったい誰が笑顔になるというのでしょうか。

人を笑顔にすることはとても重要です。

なぜなら**「人を笑顔にすることで、お金がもらえる」**からです。

これは、わが永田家の帝王学でもあります。

私にこの教えを授けてくれた曽祖父は、永田雅一《まさいち》と言います。

もう亡くなってしまいましたが、戦後の激動期に映画会社「大映」を築き上げたことで知られています。

幼いころから、私は曽祖父に帝王学を教えられて育ち、私も曽祖父を「おじいちゃん」と呼んで慕っていました。世間では「永田ラッパ」と呼ばれていましたが、私にとっては最高のおじいちゃんでした。

学校教育とは真逆の教えが生きづらさをなくす

おじいちゃんからの教えは、学校で先生が言っていることとはまったく違っていました。ほぼ真逆の教えもたくさんあります。

たとえば「みんなと仲良くしなくていい」と言うのです。

これは「仲良くなれない子とは、近寄ってもケンカになるから」ということなのですが、的を射た教えだと思いませんか。

大人社会でも、合わない人はどうしても出てきます。そこで相手に合わせて無理におつき合いしたところで、いい結果になることはほとんどありません。

それよりは、自分の中で折り合いをつけて、ほどよい距離で人間関係を築いたほうがいいはずです。そのほうが、お互いに笑顔でいられますし、周囲もハラハラすることもないでしょうし(笑)、何より自分を大事にできます。

結局、**自分を中心に置いて考えることこそ、相手にとっても、まわりにとってもいいこと**なのです。

今の日本は、いろんな生きづらさを抱えて過ごしている人がたくさんいます。たいていは「自分を満たせていない」人であり、つまり「自分を中心に据えて考えていない」人です。

こういう人は、何か悪いことがあると、自分を中心に置かず他人のせいにして考えるので、いつまで経っても問題が解決しません。

結果、つねに何らかの不満を抱えることになり、永遠に生きづらい人生を歩むことになってしまうのです。

自分を中心にして考える癖をつけることで、こうした悲劇を繰り返さなくなります。

この本では、講演でよくお話しし、ご好評をいただいている「自己チュー」の大切さをお教えします。また、私の根幹にあるおじいちゃんの帝王学も、ところどころでご紹介するので、ぜひご参考にしていただければ幸いです。

本書を読んだみなさんが「自己チュー」思考を身につけ、自分を満たすことができ、幸せな人生を送れるようにと願いを込めながら、私はこの本を書きました。

激動期でも食っていける　自己チューのすゝめ●目次

まえがき
「自己チュー」とは自分を中心にして考えること……3

第1章 なぜ、自分を中心に置いて考えないのか？

今日で「日本の教育界」から卒業しよう！……20
枠にはめられている「自分」に気づきなさい……23
みんながどうではなく、あなたがどうなのか……26
「自己チュー」の人こそ人の役に立てる……30
必ず共感者はいる。どんな生き方をしても……34
人様に迷惑をかけたほうが喜ばれる……37
3か月であなたを唯一無二の存在に高める方法……41
自分には代わりがいないことを知ろう……45
嫌われるのが怖い人こそ、思い切り嫌われてみろ……49

アドリブに強くなればオリジナルになれる……53
トラブル対応に強い人になろう……57

第2章 映画（マイストーリー）の主役になろう

自分らしく振る舞うほうが、まわりも幸せになれる……60
空気を読むな。思ったことは言っていい……64
自分の欲求に対して行動的になる……67
遠慮しないといけない人は遠ざけよう……71
「究極のマンネリ」でお金はついてくる……74
自分のやりたいこと、好きなことを第一に考える……78
事業では「顧客は誰なのか」という視点も大事……81
人脈には何の価値もない……85
努力は結果に比例しない……89

自分の人生、主役であることを全力で楽しめ …… 93
親の考えは古い。「普遍的なこと」を大事にしよう …… 97

第3章 評価や失敗を気にしている時代ではない

「失敗するのが怖い」なんて言っていられない …… 104
地殻変動の最中、生き残るための二つの手段 …… 108
飲食業界にも地殻変動は起きている …… 111
嫌われることで本当に大事な人がわかる …… 115
SNSでもリアルでも、コミュニティを絞ろう …… 119
せっかく手放した「予定調和」を取り戻さない …… 122
感情に従って行動すれば自分軸で生きられる …… 125
「自分の上には誰もいない」と意識しよう …… 128
なぜ人間関係に悩んでしまうのか …… 131

目　次

他人に期待しない。「期待のサイン」に気づけ……134
トップから学ぶ姿勢を忘れない……137
「楽しいこと」を続けるだけで自己肯定感が上がる……141
「1対1」で話すときと「複数」に話すときの違い……144

第4章　自分の感情と向き合い、自分に素直になれ

ネガティブな感情にフタをしない……148
なぜ「人からどう思われるか」が気になるのか……152
腹式呼吸を心がけて感情を落ち着かせる……155
呼吸と俯瞰で心配事も不安もなくなる……158
必要以上に罪悪感を持たない……160
「利他の精神」より「自分の笑顔」を優先しよう……165
「絶対に後悔したくない」という無理な話について……168

結果を恐れず、まずはやってみよう……172
過去も未来も存在しない。今を見据える……174
図々しく生きたほうが絶対に得をする……177
お金に浮かれて初心を忘れない……181
初心を貫いてこそステップアップできる……184

第5章 「自己チュー」が無数の笑顔と幸せをつくる

自己チューになれば人目など気にならない……188
「不足に目を向ける人」から卒業しよう……192
事業の成功に規模の大小は関係ない……195
飲食店での未成年の暴挙をかばえないワケ……199
一時的な感情に振り回されるリスクを考えよう……203
集団心理にあおられるな……206

「数」ばかりを追い求めない …… 209
なぜクレーマーになってしまうのか …… 212
「役立っている感」をモチベーションにしない …… 215
ぜんぶ、自分で決めよう …… 218
迷っている時間、あなたはお金を燃やしている …… 221
自己チューになれば、いつでも幸せな光景が見られる …… 224
あとがき …… 229

第1章

なぜ、自分を中心に置いて考えないのか？

今日で「日本の教育界」から卒業しよう！

なぜ、多くの日本人が「自分を中心に置いて考える」という、他国では当たり前のことができないか。

それは、日本の教育に問題があります。

成績や協調性を重視しすぎる傾向や、教員の質が悪いことなどによって生じる問題点をあげていけばキリがないほどです。

とくに私は「時代に合っていない」ということを強く感じています。

日本の教育界には、戦前からずっと続いている教えが、いまだにどことなく残っていると感じます。

国民を徴兵《ちょうへい》して軍隊に入れて統制を図る、という空気が感じ取れる教育体制のままというか。

現に、学校においては、先生は指導者でありチームのリーダーになるわけですが、その人がコントロールしやすいように枠にはめる教育をしています。

戦後とされる１９４５（昭和20）年から、もう80年近く経っているのに、まだそれが続いているということに疑問を持つべきです。

たしかに、現在、学校で教師をしている方の中にも、素晴らしい教師が存在するのは間違いない事実です。

しかし、それは単に「その人の人間力」にすぎないでしょう。

一般的な教師論で言えば〝枠にはまる教育を受けたことが心地よかったから、先生になりたいと思った人が教師をやっている〟と言えます。

ですから、令和になった今でも、枠にはめるスパイラルから抜け出せていないのが現状です。

悪いことは言いません。

まずは今日で「日本の教育界」の悪しき呪縛から卒業しましょう。

枠にはめられている「自分」に気づきなさい

日本の学校教育で最もよくないのは、その枠にはめる教育において成績をつけることです。

これでは、枠を飛び越えた成長など見込めるはずもありません。

日本の教師は、各教科がデコボコした成績の子どもに対し、成績が悪かった教科を指摘してくることがほとんどです。

成績がよかった教科について「この子はここがスペシャルだね」と、いいところを伸ばしていこうとする教育ではありません。**スペシャリストではなくゼネラリストを育てようという、時代に逆行した方針を堅持しています。**

そもそも、児童・生徒を評価している教師だって完璧な人間ではないのです。

たとえば、同じ子どもでも、違う教師と出会えていたならば、まったく異なる見方ができたかもしれませんし、もっと勉強が好きになっていたかもしれません。

それなのに、学校の成績がよくない子どもに対して、今の日本の教育では、それを子ども自身に原因があるとしがちです。その原因が教師かもしれない、あるいは親にも責任があるかもしれない、などという視点が足りていません。

いかに日本が、枠にはまった教育を是として続けているか、教師や大人の物差しをすべてとして子どもの可能性を奪っているか、ということです。

こんな教育界に強制的に身を置かされ、大学卒業までの二十何歳まで過ごす羽目になれば、自己肯定感なんて高まるわけがありません。

むしろ、**枠の中にとどまろうとするし、そのためにも人目を気にして、自分をないがしろにしてでも相手やまわりのことを中心にして考えようとする**でしょう。

だから、学校で「自分の前に相手のことを考えよう」などと言われてきたことを、いまだに順守してしまう方がたくさんいるのです。

自己チューに考えられない方の中には、自分が枠にはめられていることに気づけていない方もいます。とくに相手軸で考えることがナチュラルになっている方は、一度ご自分を「枠にはまってないか」とかえりみることをおススメします。

みんながどうではなく、あなたがどうなのか

「日本の教育は枠にはめたがる」というお話をもう少しだけ続けます。枠にはめる教育は、①均一的な人材を育てたがる、②何か問題があったとき子どもにその原因を求めがち、という問題があるとご説明してきましたが、もう一つ、③組織への帰属意識を必要以上に迫る、という欠点があります。

もちろん、何がなんでも個人主義を貫け、と言っているわけではありません。誰だって一人で生きているわけではありませんから、ある程度の秩序が必要なのは言うまでもないことです。

しかし**日本人は、あまりにも集団主義が強すぎ**ます。この原因も、日本の教育にあります。

これだけ世界が多様性ということを重視しているのに、いまだに日本の教育では〝みんな一緒に〟〝みんな仲良く〟みたいな歌を歌うし、何か問題が起きるとクラス全員が連帯責任でペナルティを受けるみたいなこともやっています。

今の時代は、1クラスだいたい30人ぐらいでしょうか……児童・生徒が30人もいて、そのみんなと仲良くすることなんてできるわけがありません。

私は子どものころ、おじいちゃん（永田雅一）からこう教わりました。

「みんなと仲良くしなくていい。ただ、本当に気が合う人というのは、一生の宝だから大切にしろよ。仲良くなれない子とは近寄ってもケンカになるから近寄るな」

むしろ「近寄らないほうがお互いのためだ」くらいの温度感でした。

社会に出るための経験を積むのが学校です。大人になって社会に出たら、どうしても気が合わない人も出てきます。

その人と、どう折り合いをつけたり、気が合わない人の価値観を尊重したり、そしてその中で自分の価値観を信じることができたり、自分を持てるかということを教えるのが学校なのです。

ですから**「みんな仲良く」「みんな一緒に」という言葉に甘えず、自分自身をしっかり持つべき**です。

日本では、大人でも、何かを決めるときに「みんなはどうなんだろう？」ということを基準にして考えていたりします。

しかし「みんながどうではなく、あなたがどうなのか」です。

「みんな」を絶対視したり、基準にして考えたりすることも、今日この場をもってやめましょう。

「自己チュー」の人こそ人の役に立てる

私は慶應義塾出身なので、福澤諭吉先生の影響を受けているのですが、福澤先生が慶應義塾を創立したのは、社会の役に立つための人間の輩出を趣旨としています。

では、そもそも「人の役に立つ」とは、具体的にどういうことなのでしょうか。

日本では、利他の精神をとても大切にしているので、自己犠牲や他者を優先するようなイメージを持つ人もいるかもしれませんが、それは正しくありません。

人の役に立つためには、まず自分自身も満たされているべきでしょう。

金銭の有無が多少は比例するかもしれませんが、それを抜きにしても自分が満たされているってことが大事です。

そもそも、自分自身が満たされていない人は、心が不安定なので揺らぎがちで、なかには病んでいるような人さえいます。

とても人の役に立つなんてことはできません。

不幸な人間は、人の役には立てないということです。

逆に、自分自身が満たされている人は、自然と笑顔がキラキラしているし、人に対しても余裕があります。

自分に余裕があれば、人に対して思いやりが持てます。

つまり役に立てる人間とは、自分が満たされていて、現段階で幸せに暮らしている人だということです。

もちろん、互いに支え合って、みんなが少しでも笑顔で暮らせる社会にするために、一人ひとりが貢献するというのも大切ですが、自分を捨て置いて、人のために行動をするというのは違います。

この本は「自己チュー」を勧めていますが、これは他人をないがしろにして自分勝手に振る舞えということではありません。

私にとっての自己チューとは、地球があって、自分がいて、いろんな人が存在する世界で、ちゃんと自分を世界の真ん中に置いて、いつでも〝自分ファースト〟でいようということです。

そのためにはやはり、自分で自分自身をコントロールする力が必要です。そこでまずは、自分自身を満たし、幸せを感じる力を身につけて日々笑顔で暮らせて、あらゆることに感謝ができるように、鍛錬《たんれん》することが重要になってきます。

ここで言う鍛錬とは、乾布摩擦《かんぷまさつ》やランニングを推奨しているのではなく、幸せを感じて笑顔で生きるために、感受性を研ぎ澄ますことです。

生きていく上で、社会の仕組みや人間関係に無理やり自分を合わせている人も多いですし、それを何の疑問もなく受け入れている人も少なくないでしょう。

でも、今日からはそういった考え方をやめましょう。地球の中心に自分を置いて、何よりも自分を最優先にしていくことです。

必ず共感者はいる。どんな生き方をしても

どんなふうに生きたとしても、ある程度の共感者は存在します。

善か悪かはさておき、傍若無人に振る舞って好き勝手に生きている人にだって、数は少ないものの共感者はいるのです。

「破《わ》れ鍋《なべ》に綴《と》じ蓋《ぶた》」じゃないですが、一般的な価値観で見てどうしようもない人のことを好きだという異性も存在します。極端な例ですが、死刑囚と結婚したがる人だっているわけです。

ですから、ありのままの自分でいいのです。無理やり世間の一般的な価値観に自分をはめていくだけでは、いつまで経っても幸せを得られず、自分を満たせません。


無理のない、本当の自分でいることを恐れない気持ちが大切です。


誰かに嫌われたらどうしよう……なんて思う必要はありません。ありのままの自分で振る舞っていても、共感してくれる人は必ずいるのですから。

そのためには、まず自分を満たす。

すると心に余裕が生まれて、まわりの人とのコミュニケーションも円滑になりますし、その人たちが気の合う共感者であれば尚更です。

気の合った仲間たちが笑っているのを見るから、自然と幸せな気持ちになって自分も笑えて満たされるのです。あるいは、自分が笑顔でいるから、仲間たちも笑顔なのかもしれません。

そうやって笑顔でつながっていくことで、はじめて「世のため人のため」に役に立てるようになれるのです。

人様に迷惑をかけたほうが喜ばれる

よく「人様に迷惑をかけないようにしなさい」なんて言う人がいます。ですが、そんなのはそもそも無理です。

仏教には、人間が生きるためには、ほかの生き物から命をもらわなければならないから、人間は生きているだけで罪だという考え方があります。

ですから、**自分が「生きているだけで罪を犯し続けている」ということを、わきまえて生きていけばいい**のです。

たとえば、赤ちゃん。

かわいくて尊い存在でしかないですが、そういった感情をすべて除いて考えてみれば、生まれてきた瞬間から迷惑な存在じゃないですか？

オムツも自分で替えられない、ご飯も自分で食べることができない、言葉もしゃべれないし、立って歩くことすらできない……それがスタートです。

でも、親は「生まれてきてくれてありがとう」って、心の底から感謝をしているし、赤ちゃんに手がかかることで愛情が湧いて、ますます親心も湧いてくるわけです。

これって、言ってみれば「必要な迷惑」ですよね。

必要な迷惑は、大人社会でも多く見かけますし、歓迎すべきことです。

たとえば、自分の短所が他人に迷惑をかけるかというと、そうでもありません。

広告代理店にすぐれたアートディレクターがいて、仮にその人が事務作業や経費精算が苦手だとしても、事務スタッフや、金勘定が得意な経理のスタッフがいれば、会社としてはまったく問題ありません。

むしろ、アートディレクターの短所が、新たな雇用を生んで、複数の人を満たしているということになります。

自分ができないことで人に迷惑をかけていると思っていることが、じつは人の役に立てている可能性があったり、人の長所を光らせている可能性があったり、その「お互いさま感」から信頼が深まったり、いろんなケースがあるのです。

仏教発祥の地インドでは「お前は人に迷惑をかけて生きているのだから、人のことも許してあげなさい」と教えるそうです。

誰かに迷惑をかけているかもしれない自分の短所だって、誰かの長所を生かしていることもあるのです。

「迷惑をかけないようにしよう」という考え方は捨てて、どんどん人様に迷惑をかけていきましょう。

3か月であなたを唯一無二の存在に高める方法

自分が誰かに迷惑をかけているかもしれない短所が、じつは誰かの長所を光らせているることもあると前述しました。

これは、日本の教育にもつながる話です。

学校では「苦手なことや短所は、がんばって克服しなさい」と言われますが、そんなことをやってもムダです。

それよりも、長所や得意な分野を伸ばすべきなのです。

世の中「その苦手分野の克服を、あなたは何年がんばっているの？」という人がじつに多いのが現状です。

大人であれば、その事実を大なり小なり知っているはずなのに、なぜか子どもに〝苦手分野の克服〟を強要しています。

また、ほとんどの人が、苦手を克服できないことで悩んでいます。

どんなにがんばったり、悩んだりしても克服できないのですから、そのことに時間を割かないほうが賢明です。それよりも、自分の長所や得意分野を伸ばすことをがんばったり、考え抜いたりすればいいのです。

人は、ついネガティブな側面（短所）に目が行きがちです。

ですから「短所を克服する」という発想と結びつきやすいのでしょう。

しかし、**ここで大事なのは、それよりもポジティブな側面（長所）に目を向ける習慣づけをすること**なのです。

短所を修正したり、苦手を克服したりするよりも、そもそも持っている自分の長所や得意分野を伸ばすように意識してください。

問題は、新たな習慣づけをするのに、どれほどの期間が必要かということです。

私は3か月意識し続ければ、習慣化できると考えています。

早起きでも、ウォーキングでも、ジム通いでも、語学の勉強でも、3か月続けられたらだいたいできるようになるものです。

まずは3か月、自分のポジティブな側面に目を向けることを習慣づけましょう。

もちろん、自分の短所を把握することは大切です。

ただ、そもそも人はネガティブな側面には目が行きがちなので、意識して見るまでもないでしょうし、ましてや克服する努力なんて必要ありません。

そんなことよりも、長所を見つけて伸ばすことに時間を割いてください。そうするだけで、自分を唯一無二の存在に高めることができ、自身の魅力や能力が倍増するはずです。

自分には代わりがいないことを知ろう

世界にはおよそ80億もの人がいるとされていますが、自分の人生で出会う人数の中に、自分とまったく同じ人は存在していません。

そういう事実からも、自分には代わりがいないことを知ると同時に、自分しか持っていない「何か」を磨いていくべきです。

前項でも触れたように、日本人はとかく「足りない部分」に目が行きがちですが、**自分にしかない長所や特技を理解し、伸ばしていければ、人生のさまざまなシーンにおいてプラスになることばかり**です。

今後のビジネスシーンにおいて「この仕事をするのが、あなたじゃなきゃいけない理由は何ですか？」という質問に答えられない人は、これから先は仕事がなくなっていきます。

事実、技術革新によって、すでに置き換えられた仕事も結構あるのが現状です。

飲食店でお客様を席まで案内したり、料理を運んだりするスタッフをロボットが担当するケースも増えてきました。

ですから、自分の「パーソナリティとは何か」ということを俯瞰《ふかん》して考え、自分の特徴や長所、つまり〝自分らしさ〟をいかに磨いていくかが、この先の世界を生き抜く武器になるのです。

これからはＡＩのおかげで、人間の仕事が大幅に減る可能性を秘めた時代です。

野村総合研究所が２０１５年に発表したレポートによると、**10～20年後には日本の労働人口の約49％がＡＩなどで代替可能**になるということでした。

２０１５年の10年後は再来年ですから、じつはもうほとんど余裕はありません。食べていくためには、ＡＩではできないことをやるしかないのです。

そんな時代においては、ＡＩにはできないことを追求していかなくてはなりません。いわゆる〝人間くさい〟ことを追求したり、ある意味〝灰汁《あく》〟のようなクセの強さを大事にしたり、尖っている部分を研ぎ澄ませていくのです。

これらは自分のことであっても、今もしかしたら自分自身は気づいていないことかもしれません。

ですから、前項でお話しした「自分の長所に目を向ける習慣」が、より大事になってくるのです。

個性というものを持っている人間は、ＡＩに取って代わられることはないでしょう。ますます短所の克服なんかに時間を割いている場合ではありませんね。

嫌われるのが怖い人こそ、思い切り嫌われてみろいくら「自己チューがいい」と言っても、他人からいい人と評価されたい、悪い人に見られたくない、できないヤツだと思われたくない、人の目が怖い……そういった恐れを排除できない人もいるでしょう。

そういう場合は「自分は何を恐れているのか」について深掘りしてみると、意外と答えが出せるかもしれません。

おそらく、嫌われて孤独になりたくないとか、そんなところだと思いますが、恐れを克服する思考法があります。

誰もが「乗る前は怖くて仕方なかったジェットコースターに、思い切って乗ってみたら爽快で楽しかった」のようなご経験をお持ちだと思います。

このように「やってみたら意外と大丈夫だった！」ということは多々あります。どんなことでも、やる前から自分が怖いと感じるものは、むしろ積極的にやってみて、それから答えを出してみればいいのです。

ですから、嫌われるのが怖い人なら、思い切り嫌われるような言動をしてみればいいということです。

実際にやってみると「あれ？　意外と人って嫌ってこないな」ということにも気づけるはずです。

嫌われる練習として、私がおススメしている方法があります。

自分が参加している飲み会やお茶会がつまらないなと思ったとき「ごめん、ちょっと仕事あるから、中座させてもらうね」などど、一応は上手に言っておくとしても、遠慮なく帰っちゃいましょう。

私も食事会に呼ばれて参加しても、つまらないと帰ってしまいます。

それでも、問題になったことはありませんし、帰っただけで嫌われた覚えもそうありません。

ほかにも、知り合いが本を出したりすると、その新刊を贈ってくださるのですが、事前に言ってくれたときは「応援していますから、書店で買わせてください」って断るようにしています。

若いころは「興味がないからいらない」とか失礼な物言いをしていましたが（笑）、今は大人になったので、少しマイルドに断ることができるようになりました。

そうやって、自分が楽しくない誘いや、嬉しくないいただきものを思い切って断ってみることから始めてみましょう。

すると「恐れている」ものの正体がたいしたことではないことに気づき、自分を中心にした思考が自然とできるようになってきます。

アドリブに強くなればオリジナルになれる

2022年9月に、私は「永田ラッパ～食事を楽しく幸せに～」というYouTubeチャンネルをスタートしました。

スタートしてからまだ1年も経っていませんが、YouTubeで「飲食店経営」と検索すると、そこそこ上位に表示されるようになってきました。

その理由の一つが、私のチャンネルには台本がなく、圧倒的なライブ感があるからだと考えています。実際、本当に台本なんてないのですが、週2～3回くらいの頻度でYouTubeライブをするようになってから、それが確信に変わってきました。

YouTubeライブ中にはバンバン質問が飛んできます。

その質問に対し、私はその場で間髪容れずに答えているのですが、このスタイルは飲食コンサルの同業者では稀《まれ》です。

ほかの同業者は、質問されたら、質問者の店の場所や売り上げ、人件費など、さまざまな情報を得てから分析しないと、うまく答えられないみたいなのです。

私はそんな基本情報を分析しなくても、質問者とやり取りしながらほとんどの質問にその場で答えています。**つまり、オリジナルの存在になっているということです。**

ただ、これは同業者から言わせると、かなり勇気がいることらしいのです。

「その場でされた質問に即答できなかったら恥だ」「さらされるのが怖い」……そんな恐れから、YouTubeライブはできないとも言われたことがあります。

でも、**これもライブで恥をさらすのが怖いのなら、小規模でもいいから自分で講演会を主催して、実際にトークショーでもやってみたらいい**でしょう。

台本なしで講演会を主催してみて、フリートークや質問タイムでもしアップアップしちゃったら、そこから必ず何か言葉が出てきます。

まあ、運よく私は自然と言葉が出てきてしまう性格なので、断言はできませんが。

ちなみに、私のYouTubeには、ファンからのコメントはもちろん、アンチからのコメントも頻繁《ひんぱん》に来ます。

ただ、ファンもアンチも私に興味を持ってくれている「1」だと思っているので、すべてのコメントに対して、私が目を通したものについては「♡」をつけています。

もういい歳ですし、チヤホヤされても天狗《てんぐ》にならないので、おほめの言葉をいただいても浮かれることはありません。

逆に、アンチからの否定的なコメントだって「よほど自分に興味があるんだな」ということで、すべて「♡」です。

それに、ファンからのコメントも、アンチからのコメントも、YouTube動画自体の情報量としては増えるわけですから、検索順位にもポジティブな影響が出てきます。

私に無関心だったら「0」だけど、アンチでも関心を持ってくれているから「1」となるのです。

それも含めて、アンチからのコメントもありがたいなと思っています。

トラブル対応に強い人になろう

前項でアドリブの話をしましたが、これはトラブルのときも同じことが言えます。どんな立場にあっても、トラブルが起きた瞬間「どうしよう?」と、思考が停止してしまうという人が多いものです。

トラブルが起きたら、起こってしまったものは仕方ないと、まず腹を決めましょう。さらに全体を俯瞰して、最適と思われる言葉を発し、丁寧に対応する。それしかありません。

仕事でトラブルが発生したときほど、その人の仕事力が見えてくるので、トライを重ねてアドリブ力を磨くことが大切です。

私も若いころは、クレーム対応で失敗し、相手を余計に怒らせてしまった経験があります。でも、そうした経験を重ねていけば、アドリブで対応できる能力も高くなってきます。

そもそもクレームとなるような事案が減りますし、対応で失敗することもなくなるでしょう。

第2章

映画（マイストーリー）の主役になろう

自分らしく振る舞うほうが、まわりも幸せになれる

私は「自分ファースト」であることをおススメしていますが、これは決して「自分さえよければ周囲の人のことはどうでもいい」という、自分勝手やわがままな姿勢を推奨しているわけではありません。

ここで言う**自分ファーストとは、自分の価値観や考えを最優先にし、自分自身を満たすこと**です。

自分自身が満たされている人ほど、人を笑顔にできるし、幸せにできます。

また、自分の価値観を最優先にして〝自分らしく〟いると、自分に合わない人は自然と近寄ってこなくなります。

そうなると当然、自分を「いいね」と肯定してくれる波長の合う人が増えてきます。

これは、自分らしく振る舞うことで、つき合う人を絞っているとも言えるでしょう。

自分と波長の合う人しかまわりにいなければ、ありのまま振る舞って、元気に、幸せそうにしているだけで、まわりの人も幸せにすることができます。

親しい友人が幸せそうであれば、自分も幸せな気分になれますよね。

世界中の全人口を幸せにすることはできないけれど、身近なまわりにいる人を幸せにすることは、じつは簡単なことなのです。

ただ、自分らしく生きることは、それなりにエネルギーが必要です。

ここ数年で社会の仕組みが大きく変わってきて、芸能界でも独立するタレントさんが増えてきたように感じます。

タテ社会の芸能界で、大きな芸能プロダクションに所属していたタレントさんが、それまでの土壌を捨てて独立したり、YouTubeに挑んだりするのは、相当な覚悟が必要でしょう。

そんな中で、成功している人に共通しているのは、自分を貫いていること。たとえばYouTubeに挑戦しているタレントさんも、安定して数字が取れている方は、自分のやりたいことを自分のペースでやられている方がほとんどです。

ただ、自分らしく振る舞うには、スタート時に無理をすることもありえます。なぜなら、アンチや世間からの批判を浴びることになるからです。

ですが、ありのまま振る舞うことで、まわりの人が〝ふるい〟にかけられると、自然とまわりには自分を支持してくれる友人やファンしか残りません。

結果、自分らしくいることが大変ではなくなり、自然体で振る舞えるようになれば、満たされた気分を感じて、自分もまわりの人も幸せにできるようになるのです。

空気を読むな。思ったことは言っていい

私は、たとえ好意で言われたことでも、いらないものはいらないと言います。YouTubeライブや講演会でも、悪意のある質問をされた際には「くだらない質問なんですけど、答えたほうがいいですか？」とか平気で言い返します。

このように、思っていることはなんでも口に出してしまいますが、その言葉で人を傷つけようとは思っていません。

大御所の料理人による有名店に行くと、みんな「おいしい」と言わなくちゃいけない雰囲気になりがちですが、私は空気を読みません。聞かれたら「変えたほうがいい」と思ったことは言っています。

これがもし、ただのアンチコメントだったら、気分を害されてしまうかもしれませんが、本心から思ったことは伝わるものです。

もし、**本心を伝えただけなのに怒らせてしまったのなら、そこからはもうつき合わなければいいだけ**でしょう。

思ったことは口に出すべきなのですが、そんな私でも「ものの言い方」だけは気をつけています。

とにかく攻撃的な口調ではしゃべらない。笑顔で言う。
これだけで、相手の受け止め方がだいぶ変わるので、ご参考にしてください。

自分の欲求に対して行動的になる

たとえば「ダイエットをしたい」「語学を勉強したい」「転職活動をしたい」など、「やりたいな、始めたいな」と思っていることは人それぞれです。

でも「家事が溜まっている」とか「今日はもう寝ないと」とか、なんだかんだで「できない理由」を用意して、やり始めない人が多いですよね。

朝1時間早く起きて、なんでもやり始めるだけでいいのに。

私は、フードビジネスコンサルタントとしての顔がメインになっていますが、じつは絵画や書も結構売れています。最近はコロナを言い訳に3年ほど個展を開催していなかったのですが、いざ開催しようとなると、これが億劫《おっくう》なのです。

ですから、やり始めることを面倒に思う気持ちも正直わかります。個展を開催するには、作品も100点以上制作しなければなりませんし。

では、こうした億劫さを撃退する方法をお教えしましょう。

それは、最初に決めてしまうことです。

たとえば「○月△日に個展を開こう」と決めてしまえば、描き始めるしかありませんよね。

知り合いに絵画を描き溜めていることを話せば、個展前でも売れてしまう作品も出てきます。つまり、そのままでは100点を切ってしまうので、ますます描いていくという好循環が生まれるのです。

私はもちろん、コンクールで受賞歴がある画家でもなければ、有名な書家でもありません。ただ、自分がやりたいからやっているだけなので、他人からひどい評価をされる可能性だって秘めています。

絵画や書は、人生そのものみたいな側面があるので、作品を発表することは勇気がいります。**ですが、自分らしさ丸出しで制作した作品は、一定の共感者ができたときに売れ出すのです。**

専業で画家をしている方が、いったいどれだけ売り上げがあるのかわかりませんが、専業でやっていない私の絵画や書が売れる理由は、おそらく力の限り描いて、全力で人の目にさらしているから、それだけです。

自分らしさを発揮しているから、ファンができるのです。

しかし一方で、ファンと同じ数だけアンチもできます。

売り上げた分だけ叩かれているということです、

そう考えると萎《な》えてしまう人もいるかもしれませんが、少なくとも私はやればやるほど「自分らしい」絵画や書になってきます。その自分らしさをほめてくれる人も出てくるのです。

誰しも「やりたいこと」があるでしょう。

それなのに、よく「仕事が忙しい」などと言い訳をして、「やりたいこと」を後回しにしている方がいます。

しかし**「やりたいこと」を突き詰めて自分の欲望に行動的になることで、さまざまな可能性や人生の選択肢が出てくる**ものです。

そのためにも、まずは「決めること」から始めましょう。

遠慮しないといけない人は遠ざけよう

「誰かに迷惑をかけるかもしれない」

「負担をかけるかもしれない」

「相手にどう思われるだろうか」


このように、物事を考えるときに遠慮から入る方がいます。

相手軸で物事を考えるのは、もう今日でやめましょう。

それでも他人に遠慮してしまう方は、近くに「少しは遠慮しろ」と言いたくなる図々しい人でもいるのでしょうか。

もし無遠慮だと感じる人や、振る舞いがイラっとする人が自分のまわりにいるとしたら、そもそもその人とはつき合うべきではありません。

私の場合は、サービス業という仕事柄〝無遠慮キャラ〟で逃げ切れるように話せます。

ですが、そういうキャラ設定をしていなかったり、本当に無遠慮に感じさせたりする人は、おそらくそんなに友だちを必要としていません。

自分丸出しで振る舞うことで、つき合う人を〝ふるい〟にかけることになるため、無遠慮な人には「それでもいい」と思う人が集まります。**遠慮をやめることで本当に必要な人だけが自分のまわりに残るので、その人たちを大切にすればいいだけです。**より自分らしく生きることができます。

遠慮して、気をつかって、ストレスを溜めている人が多い時代ですが、優先すべきは自分の感情であることに気づきましょう。

「究極のマンネリ」でお金はついてくる

「お金持ちは幸せかどうか」という議論をときどき耳にします。

聞いたところによると、アメリカでは年収が日本円で800万円までは、収入が増えるごとに幸福度が上がるというデータがあるそうです。

どうやら、お金を持ったから幸せになるとは限らないようですが、私のまわりにいる成功者と言われている人々は、おおむね幸せそうに見えます。

ですから私は、お金があるから幸せになれるというより、収入が増えていく人というのは、そもそも機嫌のいい人が多い、と考えています。

苦労して努力して、キャリアを積み重ねていくことが収入増につながる、というのが世間一般のイメージでしょう。

たしかに、そういうケースが存在することも事実ですが、私は、**自分らしく生きている人のほうが収入を増やしやすい**と考えています。

とくに今は、自分らしさ全開のまだ若いYouTuberが、あっという間に億単位のお金を稼ぐ時代です。自分軸で生きることが、結果的に財産を築くことにつながっているのです。

自分がやりたいことに向かって行動していくと、今ある幸せに気づくことができて、その積み重ねでお金はあとからついてくるということでしょう。自分が満たされていることが本当に重要なのです。

他人軸で生きていると、苦しくても努力しなければならなくなってくるので、幸福度は下がってきます。

結果、お金もついてこないので、なかなか収入も上がってきません。

収入が上がる人は、徹底して自分軸を貫いており、それがマンネリ化してもやめることがありません。

私もよく見ますが、ＨＩＫＡＫＩＮさんのYouTubeチャンネルは、奇抜なネタがほとんどありません。

ある意味、究極のマンネリができ上がっているのですが、でもただ見て聴き流していても、なぜか安心感があって〝ホワッ〟とできるのです。日曜日の「笑点」や「サザエさん」のような存在で、圧倒的な自分軸を感じます。

近年、軒並みYouTuberの収益が落ちているということが話題になっていますが、

ＨＩＫＡＫＩＮさんは相変わらずトップの YouTuber です。

自分のやりたいこと、好きなことができていれば、幸福度はおのずと上がりますし、それを究極のマンネリにできる人は、これからの時代、最強の存在なのです。

自分のやりたいこと、好きなことを第一に考える

人生において、自分のやりたいこと、好きなことができているというのは、本当に大事です。

ときどき「女の子にモテたいから音楽を始めた」なんて言葉を耳にします。しかし、これではモテることが目的になってしまい、音楽は手段になっていますよね。

目的と手段を取り違えているわかりやすい例ですが、実際に売れて第一線で活躍しているミュージシャンたちは、音楽をすることが目的であって、結果的に女の子にモテたというだけのことでしょう。

たしかに、なかには「きっかけはモテたいという動機でした」というミュージシャンもいるでしょう。それでも途中で「自分の音楽を続けることが第一」と、目的が変わったのではないでしょうか。

時間は有限ですから、やりたくないこと、好きでもないことに時間を割くべきではありません。そもそも、それでは続かないでしょう。

これは、お金についても同じことが言えます。

たとえば、何かの事業で、お金を得るためにやり始めたことがあったとします。

それが当たって儲けることができたら、次は何が儲かるのかを考えなくてはなりません。しかし、本当にやりたい事業ではなかった場合、アイデアが枯渇《こかつ》していきますし、事業内容がボヤけてきます。

一方で、自分のやりたいこと、好きなことを事業に興してお金を得た人は、次々とやりたいことやアイデアが浮かんできます。金儲けの心配なんてしなくても、好きなことでお金を得られるようになるのです。

お金儲けを目的にして事業を始めた人と、やりたいこと、好きなことを事業にした人とでは、大きな差が生まれるのです。

目的と手段を取り違えないことと、目的を自分軸で考えることは大事です。

とくに、モテたいとか、儲けたいとか、どこかふわっとした考えのある人は「本当に自分のやりたいこと、好きなことはなんだろうか」を、自分自身に深く問いかけてみてください。

事業では「顧客は誰なのか」という視点も大事

前項で事業について、お金儲けよりも自分のやりたいこと、好きなことを優先させようと述べました。

たとえば、お菓子をつくるのが好きな女性がいるとします。彼女がつくるマフィンやクッキーは、家族や親族はもちろん、友だちや同僚からも好評です。

彼女は思い切って、一人でマフィンの店を開店しました。小さなお店でしたがSNSでバズったことをきっかけに、ジワジワと人気を集め、ついには行列店となり、メディアの取材も受けるようになります。

そのうち「他県にも出店してほしい」「通販で購入したい」といった、お客様の声が増えるようになりました。

では、商売を拡大しようとなったとき、どうするのが正解でしょうか?

小さなマフィンの店を拡大する方法論としては、大きく3つあります。

①直営店で店舗展開をしていく

②フランチャイズを募集する

③製造工場を構えてECで売る

このマフィン店の場合、現実問題として、1店舗のみの展開だとなかなか投資を受けられません。そのため、自己資金が許すのであれば、直営店を3店舗くらいまで増やすと、信頼度はぐんと増します。ですから、まずは3店舗増やすところまで自力でやってみるのも手です。

また、堅実にキャッシュを増やしたいなら、通販にチャレンジすべきでしょう。

さまざまな選択肢が浮かびますが、どれくらいの規模まで大きくしたいかの絵を描くことと、自分がどうしたいかが重要です。

店舗拡大路線に舵を切るのか、お客様の顔が見える商売をするのか、あるいはECで収益増を目指すのか……。

このとき、自分のやりたいことを優先するのと同時に、顧客は誰なのかを意識することも大事です。

地域で人気のスーパーマーケットが全国展開、庶民的なイメージの小売店がラグジュアリーなイメージの百貨店を買収、写真用フィルムの精密化学メーカーによる化粧品分野への参入など、さまざまな事業拡大がニュースになりましたが、成功例も失敗例もたくさんありました。

ただ、**失敗したケースは、そのほとんどが「顧客は誰なのか」という考えが欠如していたという共通点がある**のです。

事業で成功させるためには、自分がやりたいことを追求することと、顧客が誰なのかを見ることとです。趣味なら前者だけでも構いませんが、事業であれば話は別です。顧客の存在を忘れてはいけません。

人脈には何の価値もない

お金と同様に、人脈に価値を見出している人も多いでしょう。

コロナ以降、人と会う場が減りましたが、これからまた機会も増えてくるでしょうから、人脈づくりに勤しみたいという人もいるのではないでしょうか。

ですが私は、名刺交換がすごく面倒くさいし、嫌いです。

名刺交換をしても、ほとんどはオフィスに帰ったらゴミ箱行きです。

この先、仕事上でつき合いが続きそうな方の名刺はスキャンだけして、管理はしていますが、そのファイルを見た記憶がありません。連絡を取るだけならSNSで十分ですから、名刺なんて必要ないのです。

現に、この本の担当編集者とはSNSでやり取りをしているので、彼の名刺に書かれていた電話番号もメールアドレスも使ったことがありません。それでも仕事上、まったく困らないのです。

さらに、私の会社には、会社概要をまとめたパンフレットもありません。紙の無駄なのでやめました。

名刺の管理をしない。会社のパンフレットもない。それだけではありません。

たとえば、仕事を取るためのプレゼンなどもしませんし、飛び込み営業や広告出稿もいっさいしていません。ここに書かないだけで、ほかにも私がやっていないことは多々あります。

もちろん、人脈を広げるためのパーティなどにも行きません。ですが、それでも本当に出会うべき相手とは出会えています。

おじいちゃん（永田雅一）からも**「人脈を広げる必要はない」「出会うべき相手は必然的に出会えるし、探さなくても向こうからやってくる」**と言われていましたが、まさにそのとおりなのです。

出会いに関しても、自分軸で考えることが大事です。「出会うために相手に合わせる」必要なんてありません。

そもそも、人脈を広げるパーティに来る人は、出会った相手から「take（もらう）」することしか考えていない人が多すぎる印象です。

自分から何かを「give（与える）」するのではなく、もらうことばかり……。これは私が言う「自己チュー思考」とはまったく異なる考え方です。

私は、そんな気持ちが透けて見える相手と、同じ時間を過ごしたいとは思いません。
みなさんはいかがでしょうか?

努力は結果に比例しない

辛いことに歯を食いしばって、がんばって向き合ったものの、結果が出ないとなげいている人っていますよね。

でも、それは当たり前のことです。


私は、飲食業界の先輩から「永田は本当に努力していたもんな」とよく言われます。ですが、私自身は努力した記憶がありません。


たとえば、プラモデルづくりが好きな人なら、何日徹夜しようともつくっていられるでしょうし、映画が好きな人は何時間でもサブスクで映画を見ていられるでしょうし、読書やゲームでも同じことが言えるでしょう。

私にとっては、飲食の仕事が「好きなこと」だっただけです。ですから、努力したという感覚がありません。

自分が好きなことをしていただけでも、まわりから見たら努力に見えてしまう。つまり、本人からすればたまたま好きなことをやり込んでいただけでも、まわりからすれば「すごい努力をしている」と感じられて、しかも結果がついてきたから、努力は結果に比例する、という図式が意図せずに成り立っていただけの話なのです。

ここでのポイントは「当の本人が、それをがんばっていると感じているか、努力していると自覚しているか」です。

向いていないことや、好きでもないことで結果を出そうとすると、人一倍努力が必要ですし、がんばったからといって、結果が伴わないかもしれません。

しかし、努力は意識してするものではないのです。

これは、アスリートで頂点を極めた人には、競技を本当に好きで楽しんでいる人が多いのと似ています。

たとえば、サッカーの三浦知良《みうらかずよし》選手は50歳を超えた今でも現役です。しかも、今シーズンからはポルトガルリーグに挑戦していますが、彼は本当にサッカーが好きだから続けているのでしょう。

きっとカズさんには「俺は今、血のにじむような努力をしている」という自覚はないと思います。

ただ、まわりからすれば、やはりすごい努力に見えますよね。なんせ、50歳を過ぎても現役を続けているのですから。

また、努力というと、同じことの積み重ねのようにいう人もいますが、本当に自分に向いていることをしているときは、同じことは積み重ねないものです。

つまり、**向いていることって、1回やってみただけで気づきを得てしまうので、次はさらにレベルの高いことができる**ということです。

自分が本当にそれに向いているのか否か、わからなくなったときの目安として頭に入れておいてください。

とにかく、努力と結果は比例しません。

もし自分に、すごく努力していて、一生懸命がんばっていると自負している「何か」があるなら、その時点で向いていないと自覚してください。

自分の人生、主役であることを全力で楽しめ

自分の人生は自分が主役であるはずなのに、他人軸で生きていると、他人の人生の脇役やエキストラをすることに時間を割く羽目になります。

本来なら自分が主役のはずなのに、あえて脇役やエキストラを務める意味がわかりません。それでは、人の顔色ばかり見ることが増えたりして、結局、何も行動を起こすことができなくなってしまいます。

では、主役をやっている人はどうでしょうか。

主役はやはり、自分の人生の主役を演じなくてはならないので、どんどん行動を起こします。ただ、チャレンジには失敗がつきものなので、どんどん転びます。

でも、**その失敗を受け入れて、次なるチャレンジをしていき、最終的にはハッピーエンド**です。映画やドラマだったら、その転ぶシーンさえ、キラキラと描かれているでしょう。

だって、なんでも完璧にこなせる主人公だと、ストーリーがつまらないでしょう。主人公なのにフラれるシーンだってあるかもしれません。でも、あとになって再会したら魅力的な人間に成長していて、自分をフッた相手を悔しがらせたりもします。

たとえば「007」シリーズの主役であるジェームズ・ボンド。毎回とんでもない窮地《きゅうち》に陥ったどん底からのスタートですし、敵の手に落ちることも少なくありません。「ルパン三世」のルパンも、いつも不二子ちゃんにフラれていますし、なんなら裏切られたりもしています。

エンターテインメント作品は現実味がないかもしれませんが、多くの人はその主人公に感情移入して夢中になるのです。**自分の人生こそ、映画以上に非現実的なくらいに行動を起こすべきです。**

失敗を恐れず、自分軸で考えて、いろんなことにチャレンジしましょう。

いろんなことにチャレンジするとき、一つ気をつけたいことがあります。

それは、仮に失敗しても楽しむということです。

絵を描いて、書を書いて、飲食店のコンサルタントをして、YouTuberになって、講演をして、このように本も出している……という私が中学校や高校の講演会に行くと、中高生たちはみな一様に驚きます。

「そんなにたくさん、いろんなことをやれるものですか？」「そんなにいろんなこと、仕事にしてもいいのでしょうか?」などと、質問攻めにされることが多々あるのです。
ですが、最後には「でも、本当に楽しそうですよね」と言ってくれます。

私のありようが正解かどうかは別として、間違っていないのは、子どもは大人の姿を見ているということです。大人の姿を見るだけで仕事が楽しいか辛いか、子どもにはわかってしまいます。

大人が楽しくなさそうな顔で出勤している姿や、疲れ切った顔で帰宅しているのを見ていたら、子どもには社会がしんどい場所にしか見えなくなります。それでは、社会になんて出たくなくなるのも無理はないでしょう。

子どもは社会の宝です。自分のためにも、社会のためにも、チャレンジや仕事を楽しむという姿勢は大事なのです。

親の考えは古い。「普遍的なこと」を大事にしよう

よく「親の考えは古い」と言われます。基本的に、親の考えが子に比べて古いのは明確でしょう。

問題は、その古い考えを持っている人に育てられたということです。私だって、自分を育てた人から少なからず影響を受けた状態で子育てをしていますから。

私の世代だと、親は団塊の世代という人がほとんどでしょう。団塊の世代と呼ばれる人たちは、１９４７（昭和22）年～１９４９（昭和24）年に生まれた人なので、戦後すぐに生まれた世代です。

おのずと、その団塊の世代の親の世代は、戦前生まれということになるので、私は戦前の人たちの考え方のもと育てられたということになりますよね。

一般的に、教育は2世代前の影響を受けると言われています。ですから、今の令和生まれの子どもたちは、１９５５（昭和30）年ごろの教育の片鱗《へんりん》を押しつけられていることになります。

たとえば、今5歳の子どもを育てている親がいるとしたら、親はだいたい30代くらいでしょうから、平成初期ごろの生まれでしょうか。

大人からすると、平成はまだ昨日のような感覚の人もいるかもしれませんが、このコロナ禍の3年間（２０２０～２０２３年）を振り返ってみてください。

これだけ大きな時代の転換期となった3年間なんてかなりレアで、２世代前の影響を受けた平成初期の人間が、すぐ対応できるかどうかだって難しいところです。

だから親の考えは古いということになるのですが、明治生まれだった私のおじいちゃんは、１９７６（昭和51）生まれの私を育てるときに**「どの時代でも変わらない、普遍的なことだけを教える」**と言っていました。

普遍的なこと以外は、この子が開拓できる力をつければいいのだ、と。

その普遍的なこととは「チャレンジする大切さ、失敗する大切さ、そこから学ぶ大切さ」です。

学校の勉強ではなく、学ぶということ自体が大切なのだと教わりました。

おじいちゃんは「本当に生きていく上で必要な普遍的なことだけわかっていれば、あとは自分で挑戦して失敗して学ぶことができる」と教えてくれたのです。

なんでも行動を起こしてみれば、結果が出ますし、失敗することも多いでしょう。

でも、失敗しなければ、そもそも何が悪かったのかわかりません。経験して失敗して結果を受け止めて、はじめて次の一歩が示せるようになるのです。

誰しも、仕事ですべてのミッションやタスクをこなせて、充実した1日を体験したことがあると思います。

そんな日は「今を生きている」という達成感と、「ちゃんと自分の人生をやれている」という充実感が得られているでしょう。

これは私の知見ですが、すぐ行動を起こせる人というのは、自分の人生をコントロールできているような感覚を得るので、それが自信につながります。

つまり、自信を持つには、行動を起こすことが何より大切なのです。

私には経営者の知り合いが多いのですが、ほとんどの人が自分に自信を持っていると感じます。行動するから自信がつくと考えれば、行動して、失敗して、いろんな経験を積んで自信を持っている人が経営者に多いというのもうなずけるでしょう。

自信がないことに悩み、何冊も自己啓発書に手を出すものの、何も変わっていないという人がいます。

もちろん、本を読むことが悪いとは言いませんが、読むだけでは自信はつきません。

大事なのは行動なのです。

おじいちゃんが教えてくれた「普遍的なこと」を、ぜひみなさんにも生かしていただければと願っています。

第3章

評価や失敗を気にしている時代ではない

「失敗するのが怖い」なんて言っていられない

これまでも述べてきましたが、日本の学校教育は「長所をほめて伸ばすよりも、短所を克服して平均点を上げていこう」といった傾向が強いです。

その後遺症と言ってもいいくらいなのですが、大人になって社会に出ても「評価したりされたり」「批判したりされたり」するのが日本という国です。

当然、働く場においても、自分を評価する人の顔色をうかがうようになります。

たとえば、飲食店の店長は、本来お客様が笑顔で過ごしているかどうかを見るべきですよね。

でも実際には、何かトラブルが起きて自分が責任を負いたくない、叱責されたくないという理由から、本部やオーナーなど上司の顔色をうかがってしまうのです。

もちろん、こういう状況は飲食店に限らず、一般企業でも同じ現象が起きています。

これが一般的な社会の土壌となっているので、自分の人生なのに、なぜか他人を主役にした他人軸になってしまうのは、仕方ないと言えるかもしれません。

私も体験していませんが、この本の読者で、終戦をむかえた1945（昭和20）年を体験した方は少ないでしょう。

終戦直後は、焼け野原の中でも生き延びるために闇市《やみいち》を開いたりして、違法すれすれのこともやりつつ、自分の大切なものを守るために働いて生きた人々がたくさんいた、ということくらいは知っているでしょう。

失敗を恐れて動けずにいたら、たちまち食えなくなる時代だったのです。

その後、戦後の復興や高度経済成長期を経て、一時オイルショックなどはあったものの、バブル経済をむかえ、何をしてもうまくいきやすい勢いのある時代がやってきます。

しかし、やがてバブルが崩壊し、結果、どんどん保守的になっていくのは仕方ないことかもしれません。自分に何の非もないのにリストラされて、社会でのポジションを失い、果ては家も失う……。

こういった不安をあおる風潮がありましたから。

それでも「失敗すると怒られるから」などと他人軸で考えて臆病になっていたら、まず行動しなくなります。行動したら失敗する可能性だってあるわけですから、動かずに固まってしまい、やがて思考停止の「言われたことをやるだけ」の人になります。

こういう人は、負のスパイラルに陥りやすいです。

まず仕事が楽しくなくなり、結果が出なくなって、成長も望めず、そのうちＡＩに仕事を奪われるだけです。

こんな環境やメンタルは、さっさと捨てないと将来が変わりません。

その上で「自分の人生は自分が主役だ」と思うことです。

まずは〝他人からの批判は自分に関心がある証拠だ〟と開き直りましょう。自分軸で生きることを徹底すれば、難しいことではありません。

仮に失敗しても冷静に俯瞰して、検証して乗り越えるしかありません。

コロナ禍を経て、今は社会の転換期にあります。

戦争直後の１９４５年と同じような激動期にあると言えるのです。

そんなときに、失敗を恐れて動けずにいたらどうなるか、考えてみてください。たちまち食えなくなってしまいますよ。

地殻変動の最中、生き残るための二つの手段

2020年からおよそ3年間、コロナの影響で生活習慣をはじめ人々の価値観が大きく変わりました。その前から変化の兆しはあったものの、この3年間を経て、社会全体で地殻変動が起こっています。

かつては絶対的な安定感を誇っていた大企業ですら、栄枯盛衰《えいこせいすい》を想起させる事態に陥っていますし、これまで権力を握っていた人たちの「影」の部分も、今や隠し切れなくなってきた世の中です。

そもそも、**Z世代と呼ばれる若い人たちが、大きな会社だからすごい、権力者だから偉いなんていう判断基準を持たない**というのもあるでしょう。

いまだに権力が存在していることは事実です。

しかしSNSの影響もあって、以前は揉み消すことができていたことが揉み消せなくなってきています。そうしたことから、テレビや新聞で報道されるニュースに、違和感を持っている一般の人も増えているのです。

この先、さまざまなものが変化していくと推測されます。

人口も減少していきますし、それに伴って税収も減っていきます。

企業だって国内だけでは、かつてのような収益を上げづらくなっています。日本という国がそんな状況なのですから、当然、私たち個人だって大変です。そんな世界で、自分の価値を維持し、生き残るためにはどうすべきでしょうか？

それは、**良くも悪くも裏表なく、すべて見せること**です。本当にありのまま、全部を見せましょう。

たとえば、不祥事が明るみに出たとき世間から叩かれている芸能人は、いいところばかり見せていた方がほとんどです。

さらに、**自分で発信する力をつけることも大事**です。

組織が大きいこと、権力を持っていることよりも、発信力がある人に力があるという価値観に変わってきています。

今や誰もがＳＮＳで情報発信できる時代です。既存の価値観は捨てて、裏表なく、ありのままの自分を発信していきましょう。

飲食業界にも地殻変動は起きている

フードビジネスコンサルタントという職業柄、コロナ前の2019年と対比したデータを熟知しています。2023年現在、ランチの戻りはいいものの、ディナータイムの戻りはよくありません。

これは、コロナ期間に飲食店が悪いもののような決めつけをされたことと、さらにアルコールを提供することを悪とされて、夜に出歩くと感染するような恐怖を植えつける報道さえあったからでしょう。

それもあって、夜は出歩かないことが習慣化されたこともありますし、**家飲みで十分楽しいことに、多くの人が気づいてしまった**というのもあります。

コロナ前はレア物のウイスキーを飲みにバーへ行っていた人であれば、ネットで買って家で飲めば安上がりだって気づきます。なんなら「これまで無駄な飲み会が多かったなあ」と、気づいてしまった人もいるでしょう。

今はビールメーカーでさえ、個人宅向けのビールサーバーに注力し始めているくらいです。テレビで大々的にCMまで流していますが、家庭でビールサーバーから生ビールを注ぐなんて、みなさんコロナ前では考えられなかったと思います。

そういった背景もあって、なんとなく行っていた「来店動機が薄い飲食店」は難しい時代になるでしょう。たとえば、総合居酒屋とされるチェーン店の居酒屋とか、スペシャリテのようなメニューのないファミリーレストランです。

それなのに、以前と同じ形態で商売を続けている飲食店がたくさんあります。**変化を恐れているのかもしれませんが、時代に合わせたチャレンジは必要です。**

たとえば、空席が多いのだったら、オンラインのミーティングをしてもいいスペースを区切るとか、取材や撮影に使用してもいいブースをつくるとか、いくらでもやりようはあります。

ファミリーレストランの一部では実施している店舗もありますが、利用ニーズに合わせて変化させていけば活路は見つかるはずです。

コロナの影響を受けた3年間は、世界中の価値観を変えた3年間でもありました。

でも、激動の時代とされる時代の真っ只中にいると、それほどの変化を感じ取ることが難しいのかもしれません。

なぜなら、生きている人にとっては「日常」だからです。

でも今、私たちが生きている時代は、間違いなく大変革期です。

大企業も権力者も飲食店も個人も、これまでのやり方に固執していたら衰退するだけでしょう。

変化に対応できる人だけが生き残れるのです。

嫌われることで本当に大事な人がわかる

人間は多面体なので、人として360度、さまざまな側面を持つものです。しかも、相手によって見せる部分を自然と変えているので、私という人間がAさんにとってはやさしい人であっても、Bさんにとっては厳しい人、ということもあります。基本的には、いい部分だけを見せている場合が多いのですが、実際にはクズみたいな部分も持っているのです。

これは、誰しも当てはまることではないでしょうか。

多くの人がやってしまいがちなのは、無理にでも相手に好かれようとすることです。キラキラしている部分だけを見せていると、たくさんの人を引き寄せられるかもしれないし、ダークな部分を見せると去っていく人もいるでしょう。

しかし、ここで、去られることを恐れずに、ありのままの自然体で振る舞えば、自分に必要な人だけが残ってくれるようになります。

むしろ「嫌われよう」という覚悟で、強い言葉を使ってみましょう。善・悪、陽・陰、正・負と、自分のあらゆる部分を見せるのです。私は、そうしたときに、私のことを平均して面白いと思ってくれた人が、自分にとって必要な人だと考えています。

芸能人でも実業家でもYouTuberでも、名が知られてくると、最初はその人が見せるキラキラした部分に多くの人が惹《ひ》かれていきます。

さらに有名になって、人気者となり、調子に乗り始めた矢先に、過去の不祥事が表沙汰になって炎上し、世間から叩かれまくる……ということがときどき起こっています。

でも、**人気者だって多面体ですから、表に出た不祥事は、その人のダークで負の側面が露わになっただけ**とも言えます。

ただし、一度でも世間から叩かれまくると、まわりから人がいなくなって、仕事もなくなり、大きな挫折《ざせつ》を経験することになります。

もちろん、本人としては強烈な痛手でしょうが、ただ前向きに考えれば、これって、いい〝ふるい〟になっていると思いませんか？

つまり、世間から叩かれて、嫌われる経験をすると、本当に必要な人が残るということです。本当にみんないなくなり、味方が0人になってしまう可能性は限りなく低いでしょう。

たとえば、問題を起こした芸能人でも、離婚した人ばかり、コンビ解消やグループ脱退した人ばかりではありません。仕事仲間が復帰を手助けしたり、他業界の方が手を差し伸べたりしていますよね。

一般の方では、ここまで社会から非難されることもないでしょうが、仮に自分の世界で同じようなことが起きても問題ありません。

「本当に必要な人を大事にできるチャンスだ」ととらえましょう。

SNSでもリアルでも、コミュニティを絞ろう

ＳＮＳでもリアルなつながりでも、友だちの数が多いことが評価基準になっているような風潮があります。とくにＳＮＳでその傾向が強いようです。ＳＮＳが一般的になるにつれ、その傾向が増えているような気もします。

これが「乗り鉄」「撮り鉄」「音鉄」みたいに、純粋に鉄道が好きな人たちが集まる趣味嗜好のコミュニティであれば、きっと楽しいでしょう。

でも、そうでないものも多いですよね。

たとえば、投資をはじめとするお金に関するコミュニティです。

財産を増やす勉強をしたい人もいるかもしれませんが、こういう傾向の人たちと群れるのはおススメしません。お金を増やすことが目標のコミュニティは、心が休まらないからです。

また、そういうコミュニティにいる人たちは、みんなお金が欲しい人たちなので、いい情報をシェアし合うというよりも、お互いにハイエナみたいになって奪い合うだけになりがちです。

そんなの、まったく楽しくないですよね。

あるいは、大人数で集まってリムジンに乗って、シャンパンを開けるようなパリピな感じのコミュニティも、中身がないので充足感は得られないでしょう。ただなんとなくSNS上で、リア充感を出せるくらいしかメリットがありません。

他人からどう評価されるかを意識した行動にすぎないので、他人軸で生きている証拠とも言えます。

コミュニティに属している自分をSNSに投稿して、どう見られているか反応を見たかったり、コミュニティの主催者に気に入られたくてがんばってしまったり……。

他人からどう見られるか、SNSでもリアルでも評価を求めることがみんな大好きみたいですが、苦しくなるからやめたほうがいいです。永遠に他人の目線を気にして生きることになってしまいますよ。

せっかく手放した「予定調和」を取り戻さない

徐々にテレワークをする人が減っていき、通勤時間帯に移動する人が多くなり、働き方がコロナ前のスタイルに戻りつつあるからか、このところ、よく人づき合いに関する悩みを聞くようになりました。

長期間リモートを中心に仕事をしていた人たちが、久しぶりに職場で顔を合わせるとなんだか居心地が悪いのだそうです。

コロナ前は、部署のみんなで仕事終わりによく飲みに行くほど気が合ったのに、テレワーク期間を経たことで、まるで別人のように感じると言います。

職場のようなコミュニティでも、毎日のように顔を合わせていたことで、予定調和な雰囲気が醸成《じょうせい》されていたのでしょう。その雰囲気が、出勤日数が減っただけで消えてしまっているのです。

多くの人が一人で過ごす時間が増えたことで、価値観が多様化したということもあるでしょう。

ただ「自己チュー」視点で考えれば、それは歓迎できることでもあります。**なんとなく、周囲の予定調和に従っていた自分を変えるチャンスとも言えるのです。**

今後、社会がかつてのように動き出しても、思い切って自分の価値観のままで生きたほうがいいです。**飲みに行きたくなかったら断ればいいし、まわりが残業していても用事があったら定時で帰りましょう。**自分軸で考えればいいのです。

かつては、それが自然であったとしても、今は違和感があったり、居心地が悪かったりするのであれば、そんなつき合いにプラスの要素はありません。

感情に従って行動すれば自分軸で生きられる

本書では「自己チューで行こう」「自分軸で考えよう」「自分ファーストを貫こう」などと繰り返しています。

ですが、そもそも自己チューで、自分軸で、自分ファーストで物事を考えようとしても、きっと「どうしたらできるのか？」と迷う人もいるでしょう。

そこで、この項では、簡単に自分を中心に置いて考えるコツをご紹介しましょう。

たとえば、テレビの旅番組の温泉特集を見て「行きたい！」と思ったり、カルチャー番組で見た絵画にときめいたり、そんな〝無意識にパッと感情が湧いた〟経験はありませんか？

人間の脳は、自分でコントロールできない潜在意識が多くを占めていますが、唯一、潜在意識の誘導に従えるのが感情なのです。

自分軸で物事を考えようとするための練習方法は、この感情に従うことで、日常の中にいくらでもあります。

たとえば、毎朝立ち寄るカフェで、いつも必ずエスプレッソを頼んでいるけれど、今日はなんとなくカフェラテがおいしそうだと感じたら変更しましょう。

ほかにも、ランチタイムに職場の数人で蕎麦屋に行こうという流れだったけれど、途中でスパイスカレーの匂いに惹かれたら、蕎麦屋グループから離脱するのです。

そういう些細なことから行動に移していくと、徐々に自分を中心に置いて考えることに慣れていくでしょう。

日常生活の中で、自分の感情や感覚を大切にして、そこに意識を向けて自分らしく生きる。

潜在意識に従って行動してみると、自分軸で考えられるようになっていきます。

「自分の上には誰もいない」と意識しよう

「天は人の上に人を造らず、人の下に人を造らず」

こう福澤諭吉先生も『学問のすゝめ』で書いているとおり、みなさんの上にも下にも人はいません。

おそらく、そんなこと言われなくてもわかりますよね。

しかし、なぜかこの大原則を忘れている人が非常に多い印象を受けます。

たとえば、私の講演会やセミナーに来る人は、私のことを偉大な先生のことを見るかのごとく、〝上の人〟として見てくることがあります。

あるいは、交渉事などにおいて担当者レベルで断ってきたとき、相手が「上がダメって言っておりまして」などと言ってきたから「じゃあ、あなたを下と呼びましょうか」と返してみると、イヤな顔をする人もいます。上と言ったのは自分なのに……。

人と人が相対するときは、上も下もないのです。

職場の上司が肩書にモノを言わせて、偉そうな物言いをしてくるというケースも多いですが、席次や年齢が上なだけでしょう。

年齢差だって、長い目で見たときにはほとんど誤差になりますから、年齢も上に行けば行くほど、能力の差のほうが際立ってきます。**組織には上下関係があるかもしれませんが、個々の人間においては同列であることを念頭に置いて行動しましょう。**

自分ファーストを徹底することです。

そうすると、他人の顔色をうかがう愚かな振る舞いをしなくなってきます。

なぜ人間関係に悩んでしまうのか

人間関係で悩む人が本当に多いのですが、そんな彼らの話を聞いていると、すべての事柄において相手目線での他人軸になっています。

つまり、相手のことを気にしているから悩むのです。

私は**「人間関係で悩むのは、相手のことが嫌いだからだ」**と考えているので、悩まないためには会わなければいいだけです。

興味を持たず、無視すればいいのです。

もっとも、悩んでいる相手が上司だとしたら、少し難しいかもしれませんね。

ただ間違いなく、尊敬できて頼れる人ということはないでしょうし、それどころか品性を疑うような振る舞いや意地悪をしてくるヤツかもしれませんね。

私が知る限り、自分でさせている仕事を密かに妨害していたり、あるいはいっさい仕事を与えず干してきたりする人もいました。上司も自分と同じく、給料をもらって働いている立場だから、こちらが困る意地悪や嫌がらせを思いつくのでしょう。

私が経営者の立場だったら、仮に自分とそりが合わない社員や活躍できない社員であっても、どうやったらパフォーマンスを上げられるかを、まず考えます。

だって、そういう社員にも給料を払っているのですから。

職場の上司のように、逃げ場がなく、厄介な相手で悩んでいる場合は難しいこともありますが、相手の言うことより、自分の感覚を大切にしましょう。

何を言われても気にせず、聞き流していればいいのです。

「上司を無視なんてできない。そのあとが怖い」などと、相手目線や他人軸なんか考える必要はありません。いざとなったら、いくらでも対策が取れる時代です。

自分を大切にするためにも、たとえ上司でも嫌いな人には興味を持たず、スルーすることを徹底していきましょう。

他人に期待しない。「期待のサイン」に気づけ

人間関係と言えば、期待から始める人づき合いもやめたほうがいいでしょう。

たとえば、自分が採用した社員に給料以上の働きを期待したり、逆に勤めている企業で自分の働き以上の給料を期待したりする人がいます。ただ、これは「これくらいはやってくれるだろう」「もらえるだろう」と根拠なく相手をアテにしているだけです。

「やってくれるだろう」「もらえるだろう」という、くだらない期待と期待の重なり合いがあって、それがずれたときはトラブルになります。

相手に対して根拠なく「これくらいはやってくれるかも？」と想像し始めた瞬間に生まれるのが期待ですが、想像どおりに物事が進まないと途端に裏切られた気持ちになるのも期待が原因です。


一方で、友人にも家族にもパートナーにも、いっさい期待しない生き方というのもあります。

たとえば、待ち合わせ時刻に「今、電車に乗りました」と平気で連絡してくるような、必ず遅刻してくる友人がいたとします。このとき「あいつのことだから、はなから時間どおりに来ないだろう」と期待していなければ腹も立ちません。

ビジネスでもプライベートなつき合いでも、フラットに相手を見ることが大事です。感覚的なものでもいいから「この人となら、どんな結果になってもいいや」と思えるならOKとすべきなのです。どんな結果になってもOKと思えない相手とは、そもそもつき合わなければいいだけでしょう。

自分の中で、自分の価値観で勝手につくり出した感情が期待というものなのに、それが叶わないと不満に思ってしまう……。期待を手放すだけで生きるのがだいぶラクになりますが、手放し方がわからないという人もいるかもしれません。

誰かと話しているとき、もし相手の発言にイラっとすることがあったら、それが無意識に期待しているサインです。自分が好むことを言ってくれないからイラっとしてしまうのですから。

ささやかですが「今、期待しちゃってたな」と気づくことから、相手への期待を手放していけるはずです。

トップから学ぶ姿勢を忘れない

この本では「自分軸で考えなさい」と繰り返していますが、もちろん「他人から学ぶこと」も大切です。

第1章でお伝えしたとおり、2022年9月、私は自分のYouTubeチャンネルを開設しました。

YouTube初心者でしたが、YouTubeを始めるにあたり、フードビジネスコンサルタントという職業柄、ある程度の成功法則を見いだすべく、「飲食店経営」というキーワードで検索し、上位表示される動画について研究しました。

トッププレーヤーには学びがありますから。

キーワード検索で上位表示される動画を分析しているうちに、アナリティクス分析のページにたどりついて、そこではじめて目にした用語の意味をネットで検索するという作業を繰り返しました。

そうこうするうちに、YouTuberになるためのYouTube動画まで研究範囲を広げ、自己分析し、動画の検証方法なども学んで、離脱率を下げるテクニックを見つけたりもしました。

当初の計画では、開始して1年でチャンネル登録者3万人を目指していたのですが、半年経った現在（２０２３年3月）ですでに、２・５４万人登録いただいているので、思っていたよりも早く3万人に到達できるかもしれません。

スタートしてからはずっと、飲食業界に関するテーマについて、聞き手を置きながら私自身がしゃべるスタイルでしたが、今後は密着動画や対談など異なるテイストの動画を公開していって、登録者10万人を目指す絵を描いています。

予定よりも早くチャンネル登録者が増えた要因はさまざまでしょう。

私なりには、50万回再生以上の動画が出たことや、YouTubeライブを定期的におこなっていること、各動画の離脱率が低いことなどから、評価が高かったのかなと推測しています。

さらに言えば、軽はずみな動画で再生数を稼ぐのではなく、ネタ切れしない自分ならではのテーマを探すのもYouTubeで成功するコツでしょう。

もちろん、YouTubeのアルゴリズムは明かされていませんから、これらは予測でしかないことを含めて、私がやってきたことの詳細は明かしません。

ただ、**要はYouTubeを始めるにあたって、YouTubeについての本が1冊書けるくらい研究した**ということです。

自己流を否定はしませんが、トップから学ぶ姿勢は大切です。私もYouTubeを通じて、そのことを再確認できました。

「楽しいこと」を続けるだけで自己肯定感が上がる

YouTubeと言えば、いまだに一攫千金《いっかくせんきん》を狙ってとか、儲かりそうだからという動機で始める人も少なくありません。これって、自分軸ではなく、お金に軸を置いた考え方ですよね。

前項でお伝えしたとおり、私も2022年からYouTubeをやっていますが、私は金儲けをしたくてやっているわけではありません。

私のYouTubeは飲食業界ネタが中心で、このテーマでなら無限に話せる自信がありま す。事実、2023年4月現在で130本超の動画を公開しています。

もし、YouTubeを金儲け目的でスタートしていたら、登録者数や再生回数に一喜一憂して気持ちが持たなかったでしょう（笑）。

YouTubeには、動画の更新が止まっている方が非常に多いのですが、金儲け目的でスタートしたのに反応が悪かったら、そうなってしまうでしょう。

これまで私にも、一気にチャンネル登録者数が増える期間もあれば、なかなか増えないという期間もありました。突然バズった動画もありますし、自信があったのに再生回数が伸びなかった動画もあります。

それでも、登録者数や再生回数に逐一反応したり、振り回されたりということはありません。

それよりも、YouTubeを続けていると、私のチャンネルはほかの同業者が真似できない内容だということがわかり、唯一無二感によって自己肯定感が上がりました。

ニッチなジャンルながら、専門性が高いので、離脱率が低いことが、アナリティクス分析によって可視化できることにも面白さを感じます。

さらに、YouTubeでアウトプットすることで、講演にも役立っているというメリットもあります。

でも、本当に続けられている理由は、発信することが楽しいから。それだけです。

好きな分野で自分が発信できること、何年でも続けられる確信があることは、自分の自信にもつながっていくのです。

「1対1」で話すときと「複数」に話すときの違い

私は、身近な人との会話や対談などの1対1で話す場合と、スタッフたちに向けてや講演会など複数の人たちに話す場合とでは、向き合い方や話し方を変えるようにしています。

自分軸で考えた場合、自分の話し方や話す技術がどうかというより、相手の満足度を基準にして考えたほうがいいでしょう。単純に、**相手の満足度が上がれば、自分の満足度も上がる**からです。結果的に、どちらも笑顔になれます。

まず、1対1の場合は、話す相手のタイプを見極めるようにしています。

相手の目を見て話すのが基本ですが、人によっては目を見られるのが苦手な場合もありますよね。

そういった相手の雰囲気を最初の1~2分で感じ取って対応しています。

一方で、大勢に向けて話す場合は、一人ひとりと目を合わせるのは難しいことが多々あります。

講演会のような会場だったら、エリアごとに均等に目を向けるようにしていますが、そうするだけでアンケートの満足度が上がります。

ほかにも、ワイヤレスのマイクで移動が自由な場合は、講演会の後半では通路を歩き回りながら話しますが、そこであえてうしろのほうにまで行くだけで、後方席にいた方の満足度が上がるのです。

講演会も見方を変えれば、ライブと同じです。講演内容を楽しみにしてくださっていることが前提ですが、**ライブ感にもお金を払っていただいていると思えば、その時間を楽しんでいただきたい**のです。

お客様に講演会で満足していただくというのが私に課されたミッションですから、いかに皆様の気持ちを満たすかを考え、会場内を動いてなるべくお客様の顔を見るようにしています。

第４章

自分の感情と向き合い、自分に素直になれ

ネガティブな感情にフタをしない

おじいちゃん（永田雅一）は、今ある感情と同じ感情の未来が訪れると考えていました。1秒1秒の先に未来があるのだから、今ネガティブな気分でいたら、1秒後もネガティブな気分でいることになり、そのネガティブの連鎖から抜け出せなくなってしまうということです。

今の繰り返しが続くのが人生ですから、ネガティブな気分でいる時間はできるだけ短いほうがいいでしょう。

だからといって、無理にポジティブになろうとは言いません。

世にあふれるポジティブ・シンキングのハウツー本のように、ネガティブな気分にフタをするようなやり方をすると、消化不良を起こしてしまいます。

言ってみれば、胆嚢《たんのう》に石ができるようなもので、ずっと心の中にネガティブの小石が蓄積されるというか。それが溜まっていくと、いつか心を病んでしまいます。

無理にネガティブな感情にフタをせず、かといって見ないフリもせず、否定しないことが大事です。

私は「俯瞰することが大事」と考えています。

たとえば、イヤなことがあったとき、それを無理やり忘れようと努力するのはよくありません。

出来事と感情を俯瞰して「あんなことを言われてムカついた」「無礼な振る舞いをされて傷ついた」といったように、イヤな出来事もネガティブな感情も受け入れて、自分に寄り添い、好きなことにでも時間を割いて自分をいやすようにしてください。

ネガティブな感情でいることは、じつにもったいないことです。それよりも、好きなことに時間をかけましょう。自分の人生は自分のものなので、他人のためにネガティブな気分でいることは損なのだと、整理すればいいだけです。

ちなみに、**人間も含めて、すべての動物はネガティブな感情がポジティブな感情に勝つようにできている**そうです。

かつては人間だって捕食される側の生き物だったわけですし、捕食される側の生き物は、不安や恐怖などのネガティブな感情を持っていないと、危険から身を守れず死んでしまいます。

つまり、ネガティブな感情は種を守るための本能なのです。

ただ、人間は知的生命体になったことで、捕食されなくなり、自分の感情を自分で決められるようになりました。**かといって、ネガティブな感情を無視して、ポジティブになろうとするのはおススメできません。**

ネガティブになってもいいのです。短時間で自分をいやして、ネガティブな感情を手放してあげればいいだけなのですから。

なぜ「人からどう思われるか」が気になるのか

ネガティブ思考な方が〝ネガティブになっている自分にネガティブになる〟ということもありますよね。そういう方から「私ってネガティブ思考なんです」と、ネガティブな顔して相談されたこともあります。

仮に、自分がネガティブ思考だと自覚していても、やはり無理にポジティブに切り替えないことは大切です。強引にポジティブに切り替えてしまうと、いつか爆発してしまいます。

前項では胆石にもたとえましたが、心の中に澱《おり》のように蓄積されたネガティブな感情は、いつかあふれ出します。

病気でも、よくあるでしょう。

日々の不摂生が蓄積して大病につながるようなことが。

ネガティブな感情を我慢し続けると、心だけではなく、体にも負担をかけます。自分自身のためにも**「我慢していい人を演じない」**と決めてください。

とくに人間関係で、さらに言えば「人からどう思われるか」を気にして我慢する人が多い印象を受けます。

嫌われたくないとか、他人から評価されたいとか、そんな理由でいい人を演じて、ストレスを溜め込むことは避けましょう。そんなことよりも、自分の心に従うほうがはるかに大事です。

私は、理不尽なことを言ってきた相手のことは、自分の人生に関係ない人だと思うようにしているので、怒りも湧きません。**心に余裕があって、自分自身が満たされている人は、怒ることも少ないものです。**

まずは自分を満たしましょう。繰り返しますが、そのためには自分を中心に置いて考える癖をつけることです。それが自然にできるようになれば、人からの評価なんて気にすることもなくなります。

腹式呼吸を心がけて感情を落ち着かせる

ネガティブな感情が湧いてくるのは、潜在意識のなせる業《わざ》で仕方ないことです。しかし、感情は自分で決めることができます。ネガティブな感情が少しでも湧いてきてしまったら、私は呼吸でリセットし、気持ちを落ち着かせて、切り替えるようにしています。

私は、おじいちゃんから呼吸の大切さを教わってきました。

そのやり方は、まず鼻からゆっくり息を吸って、吸い切ったら5秒息を止めて、空気を溜めます。そして、吸ったときの倍の時間をかけて、口から息を吐き出すというものでした。

これを腹式呼吸でおこなうのですが、何回か繰り返すうちに、凝り固まっていた脳みそが、ふっとゆるむ感じがします。

私は、この腹式呼吸を目が覚めた直後と寝る前におこなっていますが、ぜひみなさんにも実践されることをおススメします。これだけで、体や心に溜まったものを吐き出して、新しい空気を入れることができるからです。**心に溜まった、澱のようによどんだ感情を吐き出せるので、ネガティブな感情を手放しやすくなります。**

スピリチュアル的には、潜在意識とつながるという表現をするのですが、一般的には呼吸を整えると緊張がほぐれて、感情が落ち着くと言われています。

よく緊張しがちな場面で「深呼吸して」と言いますが、これは理にかなっています。仕事に集中していたり、緊張が続いていたりすると、呼吸が浅くなる人や、呼吸するのを忘れてしまうという人も少なくないようですから。

ちなみに、私は商談やイベントなどの前は必ず、どこかで目を閉じて呼吸を整えます。このワンクッションを入れるだけで、話す内容がまとまって、私自身にプラスの影響を与えてくれるのです。

もし、面接やプレゼンなどを前に、不安な気持ちを抱えてしまったときは、この腹式呼吸を繰り返してください。呼吸を整えれば気持ちが落ち着きます。ひたすら面接やプレゼンの準備をしてきたことに思いを馳《は》せれば、不安も払拭《ふっしょく》できるでしょう。

呼吸と俯瞰で心配事も不安もなくなる

心配事があるときや、不安な思いをぬぐえないときも、前項でご紹介した腹式呼吸は有効です。目を閉じて呼吸を整えて、気持ちを落ち着けましょう。

深い呼吸を繰り返しつつ、冷静になったところで「何が怖いのか」「何が不安なのか」を俯瞰して考えてみるのです。

そうやって考えてみたら、案外「その怖いものはすでに存在しないものだった」ということもあるでしょう。そうであれば怖さは薄れるし、どうってことないと気づくことができます。

あるいは、不安の対象が、どこかにゴールがあるものだったら、どんな結果であれ、そのゴールまで行ってみることです。そこまでやってゴールテープを切ることができたら、自分を認めることができますし、さらに大きく成長できるでしょう。

心配事や不安から目をそらしても、何も解決しません。それよりも、いったん受け入れて俯瞰することです。腹式呼吸をして気持ちを落ち着かせたら、ぜひ取り組んでみてください。

必要以上に罪悪感を持たない

何かトラブルが起こると、必要以上に「自分のせいだ」「私が悪い」と思ったり、自分に親切にしてくれる人に対して、申し訳ないという感情を持ってしまったりする方がいます。

トラブルの原因がいつも自分にあるわけではないでしょうし、親切にしてくれた人には「ありがとうございます」であって「申し訳ございません」ではありません。そんなことを言われたら、親切にした人も困ってしまうのではないでしょうか。

なかには、ブラック企業を辞めただけなのに、自分のほうが悪いことをしたような気持ちになってしまう方もいますよね。

搾取された側が、なぜか罪悪感を抱いているのです。

さらには、好物のスイーツを食べることにさえ罪悪感を抱く人が多いのでしょうか、近年では「ギルトフリー（罪悪感をいだかない）スイーツ」という低糖質や、低脂質、低カロリーなどを売りにしたスイーツまで出てくる始末です。

この**「自分で自分自身を苦しめる罪悪感」という感情を持ちがちなのは、責任感が強くて真面目な方に多い**ように感じます。

勤勉な性質。これも、ある意味、日本の学校教育の産物と言えるでしょう。

おそらく、こういう方は成績も悪くないし、大問題を起こすような生徒ではなかったでしょう。

きっと「他人に迷惑をかけないようにしよう」「いい子でいて、勉強以外のこともちゃんとしよう」という気持ちでい続けられた方です。先生から見たら、すごく扱いやすい生徒ですよね。


しかし、さまざまな事柄に罪悪感を持ってしまうとストレスが溜まりますし、精神的に負のループにはまると人間関係も悪くなってきます。

罪悪感を持たなくするためには、思い切って自分の「やりたい」を優先して生きてみることです。

スイーツの爆食いもいいですし、徹夜してゲームをやり込むこともアリですし、仮病を使って会社を休んで遊びに行ってもいいでしょう。

これまで罪悪感を抱いていたことでも、気にせずやればいいのです。

ちなみに、仮病を使って会社を休めない方は、きっとイヤでも真面目に学校に通っていたことでしょう。

もし、自分の子どもが不登校だったら、親は耐えられないかもしれません。しかし私は、無理に学校に行かせる必要はないと考えています。

ただ、それでも、親の責任として、子どもが学ぶことを止めないことです。学校生活というのは、自分で興味を持つ力をつけて、疑問を持ったらそれを調べて学ぶ力をつける場所でもあるからです。

いつからか、その学校が成績重視の姿勢になっているので、つい本質を見失いがちですが、自分で学ぶ力さえつけられれば、学校に行かないという選択もアリです。

学校に行かない子どもが家にいるのであれば、自然と触れ合わせるなど、さまざまな場所へ連れていったり、子どもが面白いと感じている習い事を体験させたりして、その子の「好き」を見つけてあげたらいいでしょう。

本当に、ありのままの自分で生きていると、誰の目も気にならなくなって、そもそも罪悪感なんてものはなくなります。

さらに、自分の好きなものに没頭することで、自分ならではの光るモノも見つかります。一石二鳥の効果があるので、今日からはぜひ、自分の「やりたい」を優先していきましょう。

「利他の精神」より「自分の笑顔」を優先しよう

前項で子どもの話に触れましたが、一般的には子どもってよく笑っていますよね。ワンワン泣いていてもすぐに泣き止んで、次の瞬間には笑顔になっているというか。大人になると忘れがちですが、子どものころはみなさんも、無邪気に声を立てて笑っていたと思います。でも、思春期を経て、年齢を重ねるごとに悩みが増えていき、いつの間にか無邪気に笑うことが減ってきますよね。

なぜ、子どものころは何も考えずに笑えるのかといったら、子どもたちは無垢で、大人ほど想像力が豊かではないからでしょう。

未来に不安にならないから幸せなのです。

しかし、悩み多き大人の時代を終えて高齢になってくると、これまたいい笑顔になってくるのです。

人生に達観して、先が見えてきた人というのは「今日も一日、無事に過ごせてありがたい」というように、贅沢を求めなくなるのでしょう。

日本人は、とかく利他の精神をよしとしている風潮がありますが、それ以上に自分が笑顔でいることです。

よく「利他の精神」と言うとボランティアを想像される方がいます。

あとで詳しくご紹介しますが、この**ボランティアでさえ、利他の精神よりも自分が笑顔でいることのほうが大事**なのです。

笑顔でいられるように自分を満たすことが、まわりをも幸せにします。それがわかれば、誰にとってもプラスの効果を生むことができるでしょう。

「絶対に後悔したくない」という無理な話について

やる前から、後悔することを極端に恐れている人がいます。

小さなことで言えば「友人と食事に行くレストラン選びで損したくない」「旅行の行程で失敗したくない」といった理由から、ひたすらネットで調べる方がいます。

昔から「就職先や転職先を決めるのに慎重になる、絶対に後悔したくない」という人はいましたが、それが最近とにかく増えているように感じます。

私は、失敗を恐れて行動できないのが、人生において一番の損失だと考えています。

人生という限られた時間の中で、どれだけ経験を積めたかを豊かさの指標にしましょう。やる前から後悔することを考えて躊躇していては何も経験できず、時間の無駄でしかありません。

行動した先の失敗を恐れて行動しないよりも、とりあえずやってみたらいいのです。失敗したところで経験値が上がるわけですから、そもそも「後悔することなんてない」とも言えます。

私のまわりでも、成功している経営者の多くは、一般の方よりも何十倍、何百倍もの失敗を重ねてきています。

では、それでも成功しているのはなぜでしょうか？

それは、失敗したからこそ得られたものが多く、人よりも大きな成功を手にできたということです。

日本で成功している経営者でも、打率で言ったらかなり低いでしょう。もしかしたら1割打者のレベルかもしれません。1割打者なのに富裕層でいられるのは、失敗を恐れずチャレンジし続けているからではないでしょうか。

それなのに、失敗を恐れて行動を起こさない人たちは、自分と真逆の行動をしている成功者（チャレンジャー）にあこがれている……という皮肉な現象が起きています。

成功者にあこがれる人は、キラキラした側面だけを見ていて、その背景にある努力や失敗を見ていないのでしょう。

ちなみに、多くの人は亡くなる前に、「やらなかった」ことを後悔すると聞いたことがあります。あれもやればよかった、あそこにも行けばよかったと、やらなかった後悔ばかりを語るのだそうです。

私はよく、未来目線で物事を見るようにしているのですが、目先の後悔や失敗は、10

年後に振り返って見たら、おそらくどうってことない事柄になっています。

とくにまだ若い人であれば、視野が狭いだけかもしれないし、経験の少なさから挑戦するのが怖いのかもしれません。でも、**10年後の未来の自分が、今の自分を俯瞰して見たら「やっておいてよかった」と思うはず**です。実際、私もそうでした。

成功者ほど失敗し、そこから学んでいるのです。成功だけを重ねている成功者はいません。成功者になりたいなら、失敗を恐れないで行動することなのです。

結果を恐れず、まずはやってみよう

私が1993年に10代で起業した会社が、今年（2023年）で30年になります。続けていられるのは、トータルで黒字だからです。

30年間ずっと成功ばかりではありませんでした。いいことも悪いことも、さまざまなことがありましたが、失敗したり、誰かに迷惑をかけたり、たくさんのキツかった経験があるから今があるととらえています。

前項で「失敗したからこそ得られたものが多い」という話に触れました。それは、私にも当てはまります。

しばらく辛い時期が続いたこともありますが、それを抜けたときには、苦難の時期にも離れず、寄り添ってくれた人の存在に気づかされました。

また、過去と似たような失敗にはまりそうになったときには、直感的に回避できるようになりました。結果的に成功確率が高まったのです。

ほかにも失敗から得られたものは、とても1冊の本では書き切れないほどあります。

後悔を恐れず行動に移せば、得られるものは無限ということです。

過去も未来も存在しない。今を見据える

過去の失敗に、いつまでも振り回されている方が多いように感じます。トラウマのようになっているのか、もうだいぶ過去のことなのに執着している方も珍しくありません。

私は、会社経営における苦難も乗り越えてきているので、今は楽しく生きられていますし、失敗もネタとして話せるくらいになっています。

そもそも、過去はただの記憶にすぎません。さらに言えば過去は人数分あるので、過去に重きを置く必要なんてないのです。

過去が人数分あるというのは、たとえば仲良しの3人組がいたとして、体育祭の騎馬戦で負けた思い出を語らせたら三者三様、みんな違うことを言い出すでしょう。

負けたという事実は、みんな同じです。しかし、騎手役のAさんは「自分は善戦したが、先頭の騎馬役だったBがつまずいたせいだ」と言い、そのBさんは「うしろの騎馬役だったCに靴を踏まれたせいだ」と言って、そのCさんは「あれは旗手役のAがバランスを崩したせいだ」と言う……。

それぞれの記憶が事実かどうかなんて、非常に証明しにくいでしょう。

ですから、過去は記憶にすぎないのです。過去に起こったどんなことも、縛られたり引きずったりすることに意味はありません。

また、その逆で、まだ来てもいない未来を想像して不安になって、将来の自分を悲観するのもばかげています。

若い方でも自分の老後を不安視しているという話を聞きますが、そんな先のことを正確に予測するなんて専門家でも不可能です。

過去も未来も存在しません。

存在するのは「今」だけです。

今、楽しい気分でいたら、１秒後も楽しい気分でいられます。その積み重ねで、いい未来につなげていけばいいだけです。

図々しく生きたほうが絶対に得をする

もっとのびのび楽しく生きたいはずなのに、それができない方が少なくありません。こういう方は、いい意味で図々しさが足りないと言えます。

他人に対して図々しくなれないのは、これを言ったら相手がどう思うか、これをしたら他人にどう見られるかを気にしているせいでしょう。

でも、極端なことを言えば「誰もあなたのことなんか気にしてないし、見てないよ」ということです。仮に目の前にいる人から嫌われたところで、世界で独りぼっちになるわけでもないでしょう。

たとえば、職場のみんなで飲みに行こうと居酒屋に向かっている道中、見たいテレビがあるからと一人で帰ってしまう〝自由キャラ〟。何を頼んでも文句が多い〝面倒くさいキャラ〟……。

まわりを見渡せば、いろんなキャラがいませんか？

図々しい振る舞いで、一見、損をしていそうですが、彼らは得しています。自由キャラだったら、空気を読まなくても許されるようになるし、面倒くさいキャラだったら、雑用を頼まれにくいというメリットがあるのです。

自分を中心に置いて考えるためにも、もっと我を通していきましょう。相手からどう思われるかは気にせず、自分なりの筋を通すことは大事です。

私の会社は起業してからこれまで、営業をしたことが一度もありません。なぜかクライアントのほうから仕事をお願いされることばかりです。

また、ケースバイケースですが、依頼を断ることもあります。

フードビジネスコンサルタントとして、危うい案件にたずさわってしまうと信頼が失墜しますから、依頼を引き受ける際にはかなり選んでいることが理由です。

もちろん、お金で仕事を選んでいるわけではありません。

仕事は、一つひとつ丁寧にこなしていかないと、トラブルが起こったとき、予想外に大きくなってしまうというリスクがあります。経営者として社員を守るという意味でも、引き受ける案件は選んでいます。

そういう背景から、私の会社は業界内で、なかなか引き受けてもらえないという噂があるようです。私がコンサルを引き受けただけで、自慢するという人も出てくるようになりました。

この件について、私が狙ってやったわけではありません。人が勝手に異なるとらえ方をしただけのことです。つまり、**自分なりの筋があってやってきたことが、プラスに評価されたということ**でしょう。

我を通したときのリスクを考える方もいますが、そのリスクなんて大した問題にはなりません。私から言わせれば、リスクよりもメリットのほうがはるかに大きいです。遠慮したり迎合したりすることなく、もっと「自己チュー」でやっていきましょう。

お金に浮かれて初心を忘れない

「初心忘るべからず」という言葉もあります。

私も初心を忘れないように、いつも「一人でも多くの方を笑顔に……」という会社の経営理念を念頭に置いて仕事をしています。

さらに「大切なものを大切にしよう」と思って生きているので、ありのままの自分で振る舞うことにしています。

人によっては、私のことを冷たく感じたり、物言いがきついと感じたりするかもしれませんが、問題ありません。

なぜなら、それでも私のまわりにいてくれる人たちがいるからです。

自分にとっても大切な人たちが残ってくれたので、大切な人を大切にする日常が送れています。

初心を忘れてしまう人は少なくありません。

たとえば「若い駆け出しのころは腰が低くていい人だったのに、成功した今は金儲けに走っている上に、偉そうにしている」という人です。お金を持ったことが偉いと勘違いしているのでしょう。

お金は、たくさん持っていると、なぜか自分が偉くて強くなった気がします。ゲームにおける武器のようなアイテムです。

ですから、お金を稼いだときこそ自分に注意しましょう。

もし、自分のまわりにお金を持って浮かれている人がいたら、一度、思い切り浮かれさせてあげてみてはいかがでしょうか。

どうせ、その浮かれた時期は長く続きません。

浮かれてから転落したときになって、はじめてその人は「浮かれるってダサいことなんだな」と、本質に気づくはずです。人間、他人の助言よりも、自分の失敗からのほうが学べることは多いものです。その人のためにも、浮かれさせてあげてください。

他人の浮かれている姿に、気分を害する必要もありません。そんな浮かれている人を見ている自分自身が「ああはなるまい」と、初心を忘れなければいいだけの話です。

初心を貫いてこそステップアップできる

じつは、私にも浮かれていた時期はありました。

裕福な家に生まれたので、ある程度お金には免疫があったはずなのですが、起業して自分で大金を稼いだときは、やはり浮かれていました。

もっとも、かなりの年収を稼いでも、それを現金で見るわけではないので、冷静さも持ち合わせていたはずです。

しかし、それでも浮かれてしまったのです。

たとえば、知り合いが親に買ってもらった高級車を乗り回している姿を見たら、つい心の中で「それくらい自分で買える」と対抗したり、無駄にオフィスの内装を派手にしたり（笑）。

そんなお金の使い方をして、あのときの自分は何がしたかったのだろうと、今になって思うことは多々あります。

「初心忘るべからず」というと、時折「初心にこだわりすぎるとステップアップできない」みたいに、悪い方向に考える方がいます。

ですが、もちろんそんなことはありません。

「人を笑顔にする仕事をする」の初心を守り続けている私ですが、ありがたいことに独立以来30年、ずっと途切れず仕事をいただいています。

その過程で、依頼される仕事の性質が変わる瞬間を何度も体験してきました。

若いころは情報誌に掲載されるような、トレンディで華やかなレストランのプロデューサーとして脚光を浴びて売れましたが、その波が去ったあとは、チェーン店を見るコンサルタントになっていって、次にコンビニの商品開発で当てて……。そのあとには、世界規模のイベントのオペレーションのような依頼が続いたりもしました。

いろいろな時期がありましたし、昇っていく途中には、困難に直面し、停滞感を覚えたこともありましたが、そのあとには必ず流れが変わってレベルアップしています。

今後も初心を忘れずに仕事をしていきます。みなさんも、よろしければ参考にしてみてください。

第5章

「自己チュー」が無数の笑顔と幸せをつくる

自己チューになれば人目など気にならない

繰り返しますが、私が提唱する「自己チュー」は、他人をないがしろにする振る舞いを勧めたり、協調性は不要と言っているわけではありません。

いろんな人が存在する世界で、自分を世界の真ん中に置き、いつでも〝自分ファースト〟でいようということです。

ただ、いきなり「自己チューになろう！」と思っても、すぐありのままの自分を表現することは難しいでしょう。第2章でも触れましたが、最初はちょっと無理をすることになるかもしれません。

それでも、多少の無理をしつつ振り切ってやってみると、最初は傍若無人な振る舞いのほうが強く出てしまい、人から批判されるかもしれません。

もちろん、そうなってしまったら、自分が失敗したように感じてしまうかもしれません。ですが、小さな失敗の積み重ねの先には、ありのままをさらけ出した本当の自分らしさが待っているでしょう。

自分らしく、ありのまま振る舞うことができるようになってくると、一定の人たちからはみなさんが光って見えます。

強い共感を得られて、ファンができ始めるのです。

と同時に、好きに生きている姿がうらやましいのか、やっかまれたり嫉妬されたりすることも増えるので、アンチもでき始めてしまいます。

ただ、アンチができたところで気にする必要はありません。というより、それでもありのまま振る舞っていれば、自然と気にならなくなります。


あくまで自己チューのゴールは、自分自身が満たされていることです。


何一つ我慢せずに、好きなものは好きだと言えて、嫌いなものは嫌いだと言える。おいしい、まずい、楽しい、つまらない、悲しい、腹立たしいといった感情を、誰にも気にすることなく正直に言える……。そんな、ありのままの自分でいることによって、徐々に感覚が磨かれていきます。

そうなってくると、不足しているものではなく、今あるものに目が向くようになってきます。

不足しているものにばかり目を向けて、あれが足りない、これが足りないと言っている人が多い世の中です。

でも、そんな人はいつまで経っても自分が満たされませんし、ずっと人目を気にすることになります。

最初は強引にでも、そして多少は失敗してでも、ありのままをさらけ出していきましょう。だんだん他人の目を気にしないようになって、自分軸で行動できるようになってきます。

#「不足に目を向ける人」から卒業しよう

前項では、足りないものに目を向けてばかりでは、いつまで経っても自分を満たせないというお話に触れました。

人は、どうしても不足に目が行ってしまいます。

たとえば、身近な友人と自分を比べて「彼女は結婚していて、家も持ち家なのに、自分は結婚もしていなければ、賃貸の狭い部屋に住んでいる」「職場の同期は自分と同じ給料のはずなのに、いつもハイブランドの腕時計を巻いているけど自分は……」のように、人はとにかく不足しているところに目を向けがちなのです。

わかっていても「あれが足りない、これが足りない」と思っているのが常なのかもしれません。

私は、フードビジネスコンサルタントという職業柄、飲食店の立て直しの依頼もたくさんいただきます。

ただ、その経営者が復活できるかできないかは一目瞭然《いちもくりょうぜん》です。不足にしか目が向いていない経営者では、復活させることはとても困難です。

30席あるレストランで、ディナータイムのお客様が6名だった場合、来店されている

6名のお客様に感謝ができて、そこに集中できる経営者は復活できます。ですが「ディナータイムなのに、6人しか来店していなくて、もうガラガラです」というように、空席に目が向いている経営者では立て直しできません。

何も仕事だけに限った話ではありません。どちらに目を向けられるかで気持ちのありようは大きく変わりますから、本当に大切なことです。

たとえば、花冷えの季節に桜を見ながら散歩しているとき「だんだん春らしくなってきたね」と言って、その時間を楽しめるか、逆に「まだまだ寒いね。早く暖かくならないかな」と楽しめないか。両者の違いは明らかでしょう。

少なくとも、目を向ける選択肢は二つありますから、自然と不足に目が向く人は、プラスの選択肢が見えていないということです。

自分が今ありがたく感じられるものに目を向けていきましょう。今、自分が持っているもの、足りているものへの感謝を忘れないことです。

事業の成功に規模の大小は関係ない

私のもとには、事業の立て直しだけではなく、事業の拡大についてもご相談が寄せられることがあります。

第2章で、マフィン屋さんの事例をご紹介しましたが、私はそういうとき、何の目的もなくお金を儲けることよりも、自分のやりたいことを優先したほうがいいと考えています。

また、顧客が誰なのかを意識することも大事だと先述しました。

これはきっと、飲食業界に限った話ではないでしょう。

たとえば、IT業界です。

IT企業はもともと「会社を大きくしたい」という思考の経営者が多いので、どんな経営者もサービスのローンチから、ゴールまでのプランを描きます。

スタートアップ企業の場合は、投資家たちにプレゼンし、資金調達がかなった際は、とんでもないお金を得て時価総額が膨れ上がることもあるのです。

もっとも、大金を手にしたことで、浮かれた派手なオフィスをつくったりする経営者もいますが、それでは長続きしません。

変な無駄づかいをせずに、自分たちがやりたいことに投資して、さらなる飛躍を考えるのが王道のやり方です。

ＩＴ企業の成功については、時価総額の金額で〝すごさ〟を判断されがちですが、これは勘違いです。

本当にやりたいことを追求した結果、成功があるということなのです。

ちなみに、ＩＴ業界は国際的な大企業が多いので、私たちに与えるニュースインパクトも大きいものがあります。

よく「アメリカの巨大ＩＴが10万人リストラ」といったように、センセーショナルなニュースを目にすることもあるでしょう。

事情がわからないと、とんでもない不景気が来たのか、あるいは〝あんな巨大な企業でも経営危機なのか〟などと、余計な不安をあおられるかもしれません。

でも、これもほとんど勘違いです。

とくに海外の場合は、仮説に基づき資金調達をするので、大量採用するものの、思うような利益が見込めない場合、その人材をリストラすることがほとんどです。

ですから、日本のリストラとは、やや肌感覚が異なります。

自分がどの業界にいようと、自分の好きなことを優先させる自己チュー思考は保ちましょう。

同時に、ビジネスなのですから、お客様のことを考えるのも当然のことです。ＩＴ企業を例に出しましたが、取り組むべきは姿勢です。**中小企業だろうと大企業だろうと、成功している企業に規模の大小は関係ない**でしょう。

大企業が倒産したり大量リストラしたりすると、不安に感じることもあるかもしれませんが、自分軸とお客様目線がしっかりしていれば、余計な悩みごとを抱えずにすみます。

飲食店での未成年の暴挙をかばえないワケ

２０２３年1月、回転寿司チェーン店の「スシロー」さんで起きた事件は、みなさんもご承知でしょう。

未成年の男性客が、湯飲みをなめる、流れている寿司にツバをつける、卓上の醤油ボトルの注ぎ口をなめる……といった問題行動を起こし、その様子を撮影した動画をＳＮＳにアップしました。動画はたちまち拡散され、メディアで大騒ぎになったのは記憶に新しいです。

この事件のほかにも、多数の飲食店で撮影されたいわゆる迷惑動画が多数拡散され、世間の注目を集めました。

さらに、当のスシローさんが、迷惑行為の当事者と保護者から謝罪はされたものの、「刑事、民事の両面から厳正に対処する」としたことも話題になりました。

この事件は、さまざまなメディアで取り上げられ、「徹底的に処罰すべき」「未成年にそこまでする必要があるのか」と、意見も二分される事態となりました。

ただ、**私はスシローさんの「刑事、民事の両面から厳正に対処する」のコメントにまったく同意**です。

なぜなら、これを犯罪として受け止めていかないと、SNSの影響もあって、こういった事件があとを絶たなくなるからです。

とくに、被害を受けた飲食店が上場企業である場合は、株価にも影響を及ぼします。ただの未成年のいたずらですませられる話ではなくなってしまうのです。

回転寿司というのは、目の前に寿司が流れてきて、テーブルには自由に使える食器や調味料が設置された性善説の上に成り立っているビジネスモデルです。

それなのに、流れてくる寿司やテーブルの調味料、食器を信用できなくなったら、このビジネスモデル自体、さらに言えば、**日本発の食文化さえ壊してしまう**ことになります。

回転寿司チェーン各社はさまざまな対策をしていますが、回転寿司店がレーンに流す寿司を減らす、あるいはそもそも流すのをやめるとどうなるでしょうか?

まず、お客様はタッチパネルでオーダーすることになるでしょうが、そうすると個別の注文に対応することになるので、提供までの時間がかかりますし、人件費だって高騰《こうとう》します。

さらに、お客様の滞在時間が長くなれば回転率も落ちます。土日であればお客様の待ち時間が長くなり、ストレスが増して、やがてお店からお客様が離れるという負のスパイラルにはまっていくわけです。

当然ながら売り上げも落ちますから、アルバイトさんやパートさんの仕事も減り、納入業者さんの売り上げも減ることになります。延べ数十万人の生活に悪い影響が出てしまうのです。

それを「未成年のいたずらだから」で許すことはできないでしょう。

おそらく、動画を投稿した人や、問題行動を起こした人は、自分たちのやっていることが面白いと思っていたのでしょう。

自分を中心に置いて考えることは大切ですが、自分の基準でしか物事を考えられない人は単なる視野狭窄《きょうさく》です。

私が言う「自己チュー」とはまったく別の考え方なのです。

一時的な感情に振り回されるリスクを考えよう

ＳＮＳが発達したことで、誰でも「時の人」になることができたり、YouTubeで大儲けできたり、芸能人や有名人でなくても目立つことができるようになりました。しかし、その影響からか、人々の承認欲求が高くなりすぎている一面があります。前項で触れた飲食店での炎上騒動も、一部の人ではありますが、こうした承認欲求の高まりによって引き起こされたものでしょう。

しかし、その後の「逃げ得」は許されません。

回転寿司店に限らず、ほかの飲食店でも、迷惑動画が撮影され、拡散された事件が多発しましたが、当事者も撮影者もＳＮＳのアカウントが特定され、逃げられないようになってきました。

逮捕者も出ていますし、かなりリスクが高いと言えます。なぜなら、仮に反省して罪をつぐなったとしても、デジタルタトゥーとして、ネット上に問題の動画が残ってしまうからです。

また、いくらテレビニュースではモザイクをかけられていても、ネットでは素顔や実名がさらされて、勤務先や通っている学校名が出てしまう危険性があります。

本人たちからしてみれば、SNSで目立ちたいがために撮っただけの動画なのでしょうが、一気に拡散され、叩かれ、特定されて、実生活にも影響が出て、しかも証拠動画を消すことは困難なのです。

やらかした人間は、もちろん責任を負わなければならないですが、それで人生が終わるわけではありません。私個人としては、反省して罪をつぐなったあとは、もう「がんばれ」と言います。

問題は、**日本人は基本的に弱い者いじめが大好きな人種だ**ということです。

口先では「いじめ撲滅《ぼくめつ》」などと言いながら、実際には会社や学校など、多くの組織やコミュニティにいじめが存在しています。

軽い気持ちで投稿した動画も、拡散され、残ってしまうことは想定できるはずです。

一時の「目立ちたい」という気持ちからの軽々しい行為には、多大なリスクが伴うことを認識すべきでしょう。

集団心理にあおられるな

迷惑動画に限らず、誰かがＳＮＳで炎上すると、無関係な人まで叩き始めるのは集団心理のいい例ですね。多数派のほうに同調して極端な行動を起こしてしまうのです。たとえば、サッカー場で試合後に観客がグラウンド内に乱入して暴動事件に発展した例や、ハロウィーンの渋谷での無軌道な行動など、集団心理にあおられて引き起こされた事件は数え切れないほどあります。

私の学生時代は、ＳＮＳもインターネットもありませんでしたが、やはり似たようなことはありました。

違反行為でも、みんながやっていたら〝やらないヤツがダサい〟みたいな空気でしたから、自分もまわりの人たちもやっていました。その場のノリのような、軽い気持ちでやってしまうことがほとんどだったでしょう。

これって結局、自分が一人になりたくという心理から起こることではないでしょうか。「寄らば大樹の陰」ではありませんが、何かの集団に属していることで安心感も得られますから。

集団や組織から得られる安心感を否定するつもりはありません。

ただ、仮にそれが違反行為であっても、拒否できないリスクもあります。**大事なのは、本当にありのままの自分でいることです。**その姿勢でいれば、少人数であっても、自分にとって居心地のいいコミュニティができてくるはずです。

その場の空気に流されそうになっても、その後に待ち受けている事態を想像できる力を働かせれば、防げることも多いのです。集団心理に流されないためにも、ありのままの自分を貫いていきましょう。

「数」ばかりを追い求めない

「数が多いほうが偉い」と勘違いしてしまう人がいます。

この章でも、大企業や集団心理について触れましたが、規模が大きいから、人数が多いから、あるいはお金を持っているから偉いというわけではないでしょう。

大事なのは自分ですし、自分より上の存在はいません。

お金などと同様にSNSでも、相手のほうがフォロワーの数が多いと、なんとなく引け目を感じてしまう方もいるようです。しかし、そんなことに悩む必要はありません。

たとえば、私のYouTubeチャンネルは、登録者数が2・54万人（2023年3月時点）です。しかし、**登録者数の割に平均再生回数が多い**のです。

さらに、動画1本あたり10分前後でまとめているのですが、平均視聴時間は8分弱で、主要部分はほとんど見ていただけているようです。また、未登録でもリピーターになっていただけている方が多いこともわかっています。

発信しているテーマは基本的に飲食店経営なので、飲食業にたずさわる方からのコメントがほとんどですが、他業種で経営の参考にしてくださっているという方も散見されます。

芸能人をはじめとする著名人がYouTubeを始めると、話題性もあり一気にチャンネル登録者数が増えますが、時間が経つと登録者数の割に再生回数が伸びないという現象をよく見かけます。

話題性があって期待値が高いYouTuberは、ユーザーがチャンネル登録をする動機が浅いのかもしれません。そういった側面も踏まえると、**私の動画は地味かつニッチなテーマながらコンスタントに見ていただけているので、ターゲットにはまっているとい**うことになります。

お金や人数、規模など、数が大切だという一面があることを否定はしませんが、それよりも大切なのは自分が何をやりたいか、お客様のことを考えているかということです。

数にばかり目を向けないように意識しましょう。

なぜクレーマーになってしまうのか

往年の演歌歌手による「お客様は神様です」という名言が一人歩きしたことで、日本ではお客様が神様になってしまいました。

この言葉がベースとなっているのかはわかりませんが、悪質なクレーマーとなるお客様もいらっしゃいます。

近年ではカスタマー・ハラスメントとも呼ばれていますが、悪質な要求や理不尽なクレームも増えていて、スタッフを恫喝《どうかつ》したり、土下座を要求したり、店側の落ち度に対して金銭を要求したりといったニュースも目立つようになりました。

ただ、飲食店をはじめ、サービス業を主とする企業は、警察で不当要求防止責任者講習会を受けているので、やすやすとクレーマーたちの要求をのまなくなってきています。金銭を要求した時点で犯罪になりますから。

そもそも、なぜこういう人たちはクレーマーになるのでしょう。

不満やストレスのはけ口を探していたのか、店側に対して自分のほうが立場は上だと思わせたいのか、あるいは「お客様」として認めてほしいのか、単純にスタッフと話したいだけなのか……。

いずれにしても、自分自身が満たされていない人たちであることは間違いないでしょう。

接客業では「あちらの客よりこちらのほうが先に頼んだのに、どうして自分たちが後回しなんだ！」というクレームがよくありますが、頼んだ内容によって順番が前後することは起こりえます。

それなのに、自分が満たされていない人からすれば「自分たちが軽く見られた」ということになってしまうようです。

とくにストレスがマックスになっているとき、自分の感情が制御できなくなったときこそ、自分自身を満たすことに注力しましょう。

「役立っている感」をモチベーションにしない

自分自身を満たすことができて、自分らしく振る舞うことができるようになってくると、共感者が増えて、まわりに波長が合う人が増えてきます。

そういった人とのコミュニケーションは楽しく、ストレスが少ないものです。すると、当然ながらお互いに笑顔になっていくので、私は「永田さんと一緒の仕事だと元気が出てくる」とよく言われます。

私のように自分軸で生きるようになると、自分と合わない人はどんどんはじかれて、ふるいにかけられます。自分が楽しくて幸せな生き方をするだけで、大切な人たちだけが集まり、より幸せ感が増すわけです。

自分が好き放題に振る舞っていても、笑顔でいてくれる人たちですから、自分も笑顔になる。するとお互いにいい流れ、プラスのスパイラルになっていきます。

よく「誰かの役に立つこと」を、行動のモチベーションにしている方がいます。

誰かの役に立つというと、ボランティア活動を思い浮かべる人も多いでしょう。

しかし、活動するその人自身が、豊かで満たされていなければ、それも長くは続かないはずです。

日本人は、なぜか利他の精神をよしとしているというのもありますが、**実際にはボランティア活動に対して、感謝という見返りを期待している人や、承認欲求を満たすためにやっている人も少なくない**のです。

満たされていない人によるボランティア団体を社会貢献だというのは、ちょっと変な話です。

一方、本当に自分が満たされている人は、単純に自分がお手伝いしたくて行くだけです。何も期待していないし、見返りも求めていません。

自分軸で考えて、自分がやりたいからやっているだけなので、自然と楽しいから笑顔になって、その場の空気もよくすることができます。

満たされている人こそ、本当の意味で人の役に立てるということになるのです。

ぜんぶ、自分で決めよう

ボランティア活動のように、善意と信じて飛びつく行為について、私は少し疑ってかかるべきだと考えています。

たとえば、難病の子どもがいたとして、日本ではできない臓器移植の手術を海外で受けるためには、とんでもない金額が必要になります。

そこで募金をしようとなったとき、その寄付を集める応援をする行為は、まったく善意しかないように見えます。

ですが、よく考えてください。

大金を集めて海外へ行き、そんなに難しい手術を受けられるということは、お金でもって順番の横入りしているだけという側面もあります。

つまり、その子のために、優先されなくなった子が現地にいるということです。よかれと思って寄付したことが、誰かの命を脅かしている可能性まで考えるべきでしょう。

もちろん、それが自分の子であれば、その事実を知っても大金をかき集めようとするのは当然です。また、友だちの子や親戚の子であれば、見知らぬ外国の子よりも優先するでしょう。

寄付そのものを非難しているわけではありません。大事なのは、そうした行為を「善意だ」「悪意だ」と決めつけて妄信しないことです。

たとえば、ドイツの高速道路「アウトバーン」は、もともとヒトラーが政治的利益のために造らせたとされています。それが今は、ドイツで生活する人々にとって重要なインフラになっているのです。

それが善なのか悪なのかを見極めるのは、非常に難しいと言えます。正解も不正解もあいまいな問題に迫られたら、自分の中で決めるしかありません。

善意を押しつけられると、時には「自分らしさ」を見失うこともあります。しかし、何に対しても「やる、やらない」は自分で決めるべきです。嫌われることを恐れずに、ありのままの自分で振る舞うことで、自分軸の判断ができるようになっていきます。

迷っている時間、あなたはお金を燃やしている何をするにも迷う人っていますよね。

私は「迷うという行動は、まだ見ぬ未来を勝手にイメージして時間がかかっているだけ」と考えています。

すごくいいプランニングができたとしても失敗するときはするし、行き当たりばったりでも成功するものは成功するので、結果はやってみないとわかりません。

迷ったり不安になったりするのは、予測にすぎないし、ただの妄想時間なのです。

おそらく、その人にとっては熟考しているつもりなのでしょうが、迷うって本当に時間の無駄です。

私はコンサルタントなので、出店する際などにデータは取りますが、迷うことはありません。

データは、俯瞰するために、ただ事実を見るためだけに使います。

よく「◯◯について迷っているのですが」という相談を受けることもありますが、人生には限りがあります。それなのに、迷うという無駄な作業に大切な時間を使っていいのかと、つい思ってしまうのです。

仮に、１時間１万円稼げる人がいたとします。動かずじっとしていたら、その１万円は稼げません。**極端なことを言えば、1万円札にライターで火をつけて燃やしているようなものです。**

１日だったら24万円、１週間だったら１６８万円もロスしていることになってしまいます。

もちろん、買い物や趣味など、自分の好きなことで迷うのはＯＫです。その人にとっては、ショップでたくさんの服を試着して迷っている時間さえ、ステキで楽しい時間でしょうから。

しかし、とくに仕事のことで迷うのは時間の無駄です。昔から「時は金なり」と言います。お金を燃やしている自分に気づきましょう。

自己チューになれば、いつでも幸せな光景が見られる

大勢の共感を得たくて、SNSでキラキラを発信する人をうらやましいとか、ステキだと思う人もいるでしょう。価値観は人それぞれですから。

また、当たり障りのないことばかり発信して、誰からも好かれようとしている人もいます。堅実にフォロワーさんを増やしていく、ということでしょうか。

どちらのタイプも、私の目には痛々しく見えます。

前者はSNSを更新するのが大変で疲れるでしょうし、後者は楽しくないでしょうし退屈そうです。

一方で、自分らしく、ありのままSNSを更新している人もいます。価値観が合わない人は近寄ってきませんし、あるいは去っていきます。ただし、それは、ふるいにかけられて砂利が落ち、宝石（＝大切な人）だけが残ったということです。

その残った人が自分の人生にとって、本当に必要な人たちです。

自己チューになれば魅力的になりますが「万人ウケ」はしなくなります。

ですが、そもそも「万人ウケ」を狙うから人づき合いが面倒になったり、つまらなくなったりするのです。

これは、ＳＮＳに限った話ではありません。実生活でも同じです。

他人にいいところばかり見せようとすれば、人づき合いが煩雑になってストレスを抱え込むでしょう。

また、誰に対しても無難に対応していれば、トラブルは起きないかもしれませんが、それだけです。

いずれにしろ、笑顔が少なくなります。

ありのまま振る舞い、自分が満たされている人というのは、基本的に笑顔です。

それはきっと、気の合う仲間たちに囲まれていれば、幸せな気持ちでいられて楽しいから、自分が自然と笑顔になれるということもあるでしょう。あるいは、仲間たちが笑っているから、自分も笑っているのかもしれません。

どちらが先かはわかりませんが、私にとっては自分が笑顔でいることはもちろん、まわりの仲間たちが笑顔でいることが幸せな光景です。

私は、仕事場でもずっと笑顔です。

それは、飲食の仕事が好きで、本当に楽しくてやっていることだからです。

ただ、じつは仕事の場以外でも、自分で「行きたいところ」や「会いたい人」を自己チューの精神で選んでいるので、すべてが楽しいですし、基本的にずっと笑顔でいられています。

先日、イタリアンレストランを貸し切って「OTSUさんといっしょPIZZAづくり体験」というイベントを開催し、親子で70人ほどが参加してくださいました。

子どもたちがピザづくりを体験したあとは、私から「家でもお手伝いしてね」という思いを込めて、コックコートとコック帽をプレゼントしました。

イベントでは、子どもたちが本当に楽しそうにしていて、私もうれしかったのですが、保護者の方たちからは**「永田さんって、いつもずっと笑顔で本当に楽しそうですね」**というお言葉をいただきました。

私としては、ただただ楽しい時間を過ごしていただけなのですが、まわりの方々からは私がずっと笑顔に見えたようです。

もちろん、私から見た光景も同じで、子どもたちも保護者の方もずっと笑顔で、楽しそうでした。

自己チューでいると、いつでもずっと、こういう幸せな光景を見ることができます。

みなさんも自己チューの精神で、ありのまま振る舞って自分を満たしてください。私と同じ、幸せな光景が見られることを願っています。

あとがき

最後までお読みいただき、本当にありがとうございます。

この本を出版する2023年は、私にとって創業30周年の年となります。

右も左もわかららず、勢いで創業した当時は、30年も継続するとは想像すらできませんでした。

この30年のあいだには、ご評価いただいたこともある一方、非難を受けたこともあり、一言では言い表せないほど、いろいろなことがありました。

賞賛は嬉しく、非難は辛い。そのときは当然、感情はそう傾きます。

しかし、そうした数々の出来事を10年後目線、つまり「未来目線」で一つひとつ見ていくと、どれもが自分を育てた貴重な経験となっています。

むしろ「苦難が私を育てた」と言えるでしょう。

一人でも多くの方を笑顔に……。

その経営理念の実現に向けて、30年進んできましたし、これからも進み続けたい。

しかし、その大前提にあるのは、この本に書かせていただいたとおり、まずは自分が満たされていることです。今、この大切さを痛感しています。

誰かを笑顔にしたい、社会のお役に立つ人間になりたい。

それは、日々の中に幸せを感じられず、何かに不満を持ち続けている状態では、決して実現しえないことなのです。

日常の中、その一瞬一瞬に、幸せ、豊かさ、自分らしさがすべて込められていることに気づき、目の前の「今」に集中する。そして「自分」に集中する。

これ以上に大切な人生の法則があるでしょうか?


何か行動を起こすときに「失敗」を恐れて行動できない。

自分の発信で、アンチコメントに病んでしまう。

人はさまざまな理由をつけては、行動できず、発信できず、自分らしくいられないでいます。

しかし人生は、みなさんが思うほど長くはなく、しかも一度きりしかないのです。そんな人生の目的とは、この限りある時間の中で「どれだけ自分らしく行動できるか？」です。他人の目、他人の評価は、自分らしくいることの軸を鍛えるためのトレーニングなのです。

その障害を越えて、自分らしい日々を送り始めると、自分の目に映る日々の景色も変わり出します。

人生は楽しく、美しく、優しく、儚い。

せっかく与えられた自分の命、自分の人生のためにも、そろそろこの法則に気づき、楽しみませんか？

皆様の人生が、より豊かに幸せなものになることを、心よりお祈り申し上げます。

永田雅乙

著者プロフィール

永田 雅乙（ながた・まさお）

1976年、東京都生まれ。慶應義塾大学卒業。フードビジネスコンサルタント。

「永田ラッパ」の異名をとった映画会社「大映」の社長・永田雅一の本家最後の男児曽孫として、幼いころより“お金と幸せを結ぶ”帝王学を授かる。14歳より老舗イタリアンレストランの厨房を含め、さまざまな店に入り、社会経験と現場の仕事を学ぶ。10代で「創作イタリアン」というコンセプトで初の店舗をプロデュースし、大学卒業後フードビジネスコンサルタントとして活躍。〈現場主義〉をモットーに、これまで国内外19か国、累計1万1000店舗以上のプロデュース、コンサルタントを手掛ける。現在、フードビジネス専門コンサルタント会社「ブグラーマネージメント」代表取締役社長兼CEO。外食産業に限らず幅広い業界から“人財教育”の部分で高い評価を受けている。

主な著書に『激動期を生き抜く これからの帝王学』（秀和システム）、『あたりまえだけどなかなかできないサービスのルール』（明日香出版社）などがある。

◆装丁　大場君人
◆編集協力　青山のりこ

激動期《げきどうき》でも食《く》っていける
自己《じこ》チューのすゝめ

発行日　2023年 6月10日　第1版第1刷

著　者　永田《ながた》　雅乙《まさお》

発行者　斉藤　和邦
発行所　株式会社　秀和システム
〒135-0016
東京都江東区東陽2-4-2　新宮ビル2F
Tel 03-6264-3105（販売）Fax 03-6264-3094
印刷所　日経印刷株式会社　Printed in Japan

ISBN978-4-7980-6976-0 C0034